心を練る

佐藤一斎の霊言

大川隆法
Ryuho Okawa

本霊言は、2016年2月18日、幸福の科学総合本部にて、
質問者との対話形式で公開収録された（写真上・下）。

まえがき

何だか、久しぶりに学問の本質に触《ふ》れたようで、うれしくなった。「そうなんだ。そうなんだ。『知の民主主義化』とは、知が浅く広くなるだけじゃないんだ。」と私も叫《さけ》びたくなった。氾濫《はんらん》する情報の大海《たいかい》の中で、珠玉《しゅぎょく》のような良書《りょうしょ》を選び出して、繰《く》り返して読み解《と》くことの大切さが忘れられている。ケータイ・スマホ世代は、読書の時間を失っている。それが何年か後にどういう結果を招《まね》くのか、知らない人が多すぎる。

本書で佐藤一斎《さとういっさい》は、反射的に情報をとる時代が、機械によって人間が奴隷化《どれいか》される時代でもあることを看破《かんぱ》した。逆に言えば、「心を練《ね》る」ことによってのみ、人は機械文明の支配を脱し、光の存在としての自覚が持てることを教示《きょうじ》した。学問も「心を練る」という観点から、ふるいにかけられる時代がやってこなければなるまい。

二〇一六年　三月二十二日

幸福《こうふく》の科学《かがく》グループ創始者兼総裁《そうししゃけんそうさい》　大川隆法《おおかわりゅうほう》

心を練る　佐藤一斎の霊言　目次

まえがき　1

心を練《ね》る　佐藤一斎《さとういっさい》の霊言《れいげん》

二〇一六年二月十八日　収録
東京都・幸福の科学総合本部にて

「霊言現象《れいげん》」とは、あの世の霊存在の言葉を語り下ろす現象のことをいう。これは高度な悟《さと》りを開いた者に特有のものであり、「霊媒現象《れいばい》」(トランス状態になって意識を失い、霊が一方的にしゃべる現象)とは異なる。

なお、「霊言」は、あくまでも霊人《れいじん》の意見であり、幸福の科学グループとしての見解と矛盾《むじゅん》する内容を含《ふく》む場合がある点、付記しておきたい。

心を練《ね》る　佐《さ》藤《とう》一《いっ》斎《さい》の霊《れい》言《げん》

二〇一六年二月十八日　収録

東京都・幸福の科学総合本部にて

佐藤一斎《さとういっさい》（一七七二～一八五九）

儒学者《じゅがくしゃ》。美濃岩村藩士《みのいわむらはんし》。三十四歳《さい》で朱子学《しゅしがく》・林家《りんけ》の塾頭《じゅくとう》となる。その後、幕府から昌平黌儒官《しょうへいこうじゅかん》（総長）を任命されて朱子学を教えつつも、知行合一《ちこうごういつ》を説く陽明学《ようめいがく》に傾倒《けいとう》。門人《もんじん》に佐久間象山《さくましょうざん》、横井小楠《よこいしょうなん》等、その流れに吉田松陰《よしだしょういん》、勝《かつ》海舟《かいしゅう》、坂本龍馬《さかもとりょうま》等がおり、明治維新《いしん》の原動力となった。主著『言志四録《げんししろく》』等。

質問者　※質問順

里村英一《さとむらえいいち》（幸福の科学専務理事〔広報・マーケティング企画《きかく》担当〕兼《けん》ＨＳＵ講師）

斎藤哲秀《さいとうてっしゅう》（幸福の科学編集系統括《とうかつ》担当専務理事
兼　ＨＳＵ未来創造学部芸能・クリエーターコースソフト開発担当顧問《こもん》）

原口実季《はらぐちみき》（幸福の科学宗務《しゅうむ》本部教育推進室室長）

〔役職は収録時点のもの〕

1　江戸《えど》後期の大儒者《だいじゅしゃ》・佐藤一斎《さとういっさい》を招霊《しょうれい》する

〝身元《みもと》調査〟が終わっていなかった大儒者《だいじゅしゃ》・佐藤一斎《さとういっさい》

大川隆法　今日は、佐藤一斎《さとういっさい》の霊言《れいげん》を収録しようと思います。もうとっくに出ているかと思っていましたが、意外にやっていませんでした。

以前に一度、（佐藤一斎の霊を）指導霊として使ったことがありますし、実は、先日行った品川《しながわ》での講演会のときも、指導霊を名乗り出た霊人《れいじん》が八人おり、〝プラスワン〟で、佐藤一斎も手を挙《あ》げてきました（注。二〇一六年二月十五日、東京・TKPガーデンシティ品川にて、「世界を導く力」と題し法話《ほうわ》を行った）。

ところが、「そういえば、彼の霊言をやっていなかった。〝身元《みもと》調査〟が終わっていない」ということで（笑）、（講演会の指導霊から）外《はず》したのです。

佐藤一斎の弟子《でし》のほうの霊言はたくさん出しているし、そちらを知っている人は多いでしょう（『佐久間象山《さくましょうざん》　弱腰《よわごし》日本に檄《げき》を飛ばす』『横井《よこい》小楠《しょうなん》　日本と世界の「正義」を語る』〔共に幸福実現党刊〕参照）。ただ、佐藤一斎自身については、明治維新《いしん》などに関心のある人にはご存じの方が多いと思いますが、一般《いっぱん》に、今の若い人たちは、それほどご存じないかもしれません。

佐藤一斎は、一七七二年に生まれ、明治維新前夜の一八五九年、つまり、「安政《あんせい》の大獄《たいごく》」の終

昌平黌（昌平坂学問所）は 1797 年に、神田湯島の「湯島聖堂」において開設された幕府直轄学校。朱子学が奨励され、当時の最高学府として幕臣や諸藩の俊英を数多く教育した。明治維新後も学問所としての伝統を引き継ぎ、東京大学の前身となった（写真：湯島聖堂杏壇門）。

わりぐらいに亡《な》くなりました。「江戸《えど》期最後の大儒者《だいじゅしゃ》」という感じです。亡くなったのは満八十六歳《さい》、数え年で八十八歳ですから、当時としてもかなりの長生きだったでしょう。

彼は昌平黌《しょうへいこう》（昌平坂《しょうへいざか》学問所）の教授であり、各諸大名《だいみょう》や江戸に留学に来ていた諸藩《しょはん》の優秀《ゆうしゅう》な武士など、いろいろな方を弟子に持っていました。要するに、現在の東京大学の総長のような感じの人でしょう。

門弟《もんてい》は三千人とも言われますが、別説で六千人と書いてあるものもあるので、当時の「〝人間〟東京大学」のような人だと思われます。

また、彼から枝分かれして出ている人たちを見ると、安積艮斎《あさかごんさい》、渡辺崋山《わたなべかざん》、佐久間象山、山田方谷《やまだほうこく》、中村正直《なかむらまさなお》、横井小楠などの逸材《いつざい》が輩出《はいしゅつ》されています。

●**安政の大獄**　1858年から1859年にかけて行われた、江戸幕府の大老・井伊直弼による過酷な弾圧。日米修好通商条約の調印や、十四代将軍を徳川家茂に定めたことに反対した公卿や大名、志士たち百余名が処罰され、吉田松陰や橋本左内ら八名が死刑となった。

西郷隆盛《さいごうたかもり》にも影響《えいきょう》を与《あた》えた『言志四録《げんししろく》』

大川隆法　なお、晩年になって彼が説いた人生哲学《てつがく》の四部作が遺《のこ》っており、その四つを合わせて、『言志四録《げんししろく》』と言われます。「言志を四つ筆録《ひつろく》した」ということです。

細《こま》かく述べると、年代別に少し違《ちが》いがあり、『言志録』『言志後録《こうろく》』『言志晩録《ばんろく》』『言志耋録《てつろく》』とあるわけですけれども、この順番にだんだん晩年の著作になっています。

これについて有名なのは、西郷隆盛《さいごうたかもり》の話です。『言志四録』の量は非常に多いので、彼は、それを百カ条程度にまとめて、西郷版の心得帳《こころえちょう》のようなものをつくっています（『南洲手抄言志録《なんしゅうしゅしょうげんしろく》』）。

西郷は、「沖永良部島《おきのえらぶじま》に流されているときに、『言志四録』を一生懸命《いっしょうけんめい》書いて覚えていた」といいます。今はあまり見かけないので若い人は見たことがないかもしれませんが、私の小さいころ家にもあった葛籠《つづら》のようなもの二、三箱ぐらいに本を詰《つ》め、流された沖永良部島で、それを勉強していたそうです。現在の勉強法で言うと、一種の「サブノート」のようなものをつくって、大事な言葉を暗記していたわけです。

そのように、『言志四録』は、勉強されて西郷の頭にも入り、明治維新の原動力にもなったと言われています。

「倒幕《とうばく》派」と「佐幕《さばく》派」の両方の人材を教えた佐藤一斎

大川隆法　当会では、佐久間象山や横井小楠の霊言集をすでに出していますし、彼らは有名でしょう。

また、霊言集を出し損《そこ》ねていますが、山田方谷●も有名です。山田方谷は、岡山《おかやま》

●山田方谷（1805～1877）　幕末・明治前期の儒者。備中松山藩の農家に生まれる。30歳のころ江戸に遊学、佐藤一斎の門人となって陽明学を学ぶ。このとき、佐久間象山らと親交を結んだ。帰藩後、藩政に参加し、見事に財政再建を果たす。主な門人に越後長岡藩の河井継之助がいる。

県あたり（備中《びっちゅう》）の人だったと思いますが、佐藤一斎が自分の後任にしようとしたほどの逸材です。しかし、藩命で昌平黌に来ていたため、帰らなければいけない時期が来て、藩の財政立て直しなどのために藩に帰りました。司馬遼太郎《しばりょうたろう》の小説『峠《とうげ》』には、主人公の河井継之助《かわいつぐのすけ》が、山田方谷が帰っている岡山まで、わざわざ行脚《あんぎゃ》して教えを乞《こ》う場面もありました。そのように、佐藤一斎のもとからは逸材《いつざい》が出ています。

さらに、当会でもよく使っている『自助論《じじょろん》』（サミュエル・スマイルズ著）つまり『西国立志編《さいこくりっしへん》』の訳者である中村正直《なかむらまさなお》も、幕末の俊英《しゅんえい》でしょう。幕府は、彼に勉強させようとしてイギリスに送ったのですが、彼が帰ってきたら、すでに明治維新が成っていました。

その後、明治維新の二大柱《にだいばしら》として、中村正直の『西国立志編』と福沢諭吉《ふくざわゆきち》の『学問のすすめ』とが有名になり、バイブルのような感じになったのです。

このように、佐藤一斎の弟子、孫弟子、ひ孫弟子と、下がたくさんザーッと出ていて、勝海舟《かつかいしゅう》や吉田松陰《よしだしょういん》、坂本龍馬《さかもとりょうま》なども、いちおう弟子筋《すじ》の〝系統樹〟のなかに入っていると言われています。

これを見ると、佐藤一斎は、幕府方の最後の大学者であったけれども、幕府を「守る側」と「倒《たお》す側」、両方の人材を教えていたという意味では、面白《おもしろ》い立場にあった方です。

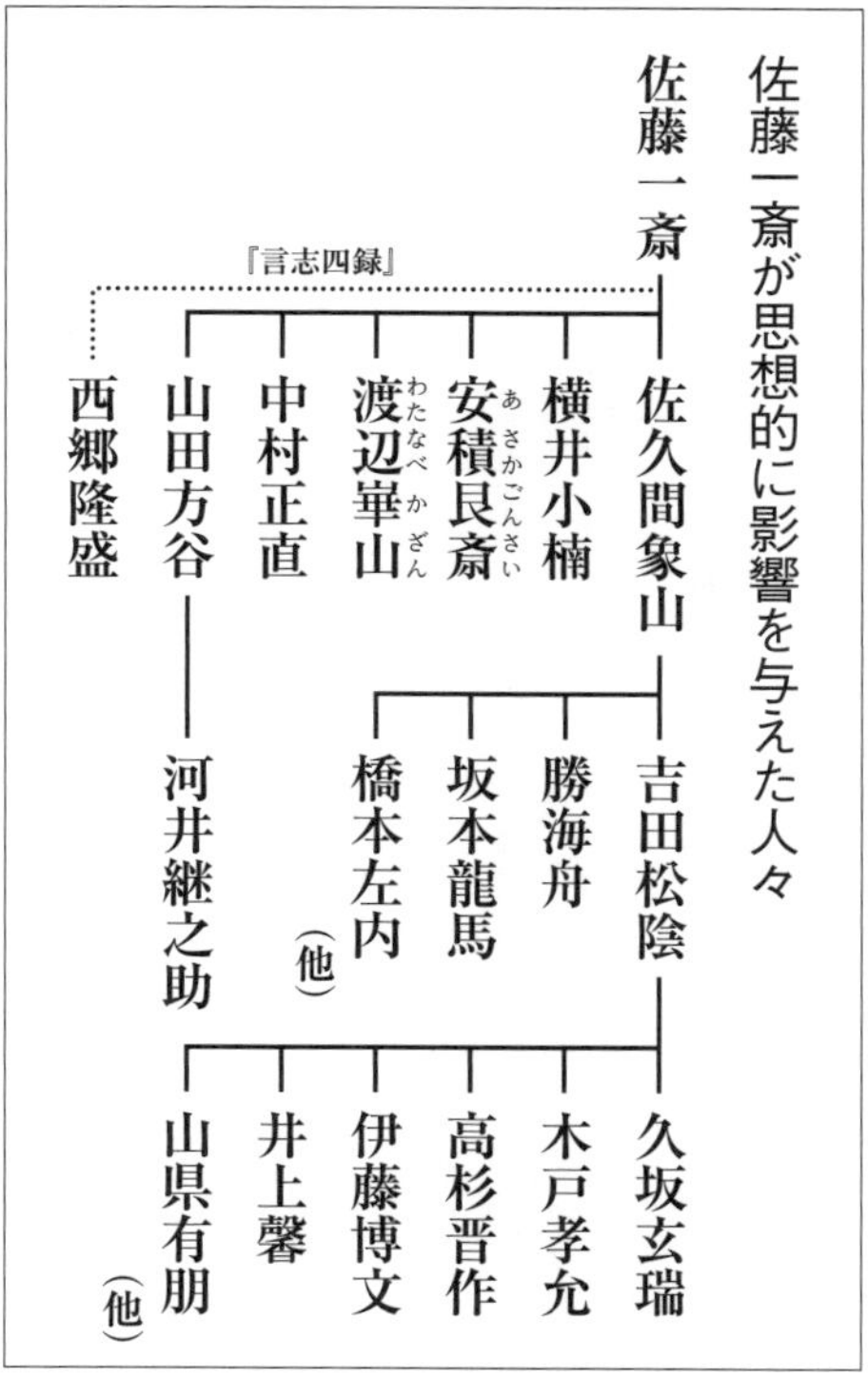

「日本のカント」か、「孔子《こうし》の再来」か

大川隆法　佐藤一斎は、朱子学《しゅしがく》の林家《りんけ》の●林述斎《はやしじゅっさい》に入門して、やがて塾頭《じゅくとう》になり、『重職心得箇条《じゅうしょくこころえかじょう》』というものも書いています。これは、重役の心得のようなものですが、総理大臣になった小泉《こいずみ》（純一郎《じゅんいちろう》）さんが配っていたという記憶《きおく》があります。

佐藤一斎の教えとしては、「陽朱陰王《ようしゅいんおう》」、つまり、表側は「朱子学」で、裏側は王陽明《おうようめい》の「陽明学」です。表側は幕府の正統な学問である朱子学を教えていたものの、実際は、それを教えつつ裏に陽明学を忍《しの》び込《こ》ませて教えており、「本当は、そちらのほうが中心的な考え方だった」と言われています。そのため、教えを受けた人のなかに、陽明学が流れ込んでいっているのです。その意味で、佐藤一斎は、幕末の激震《げきしん》を走らせた原点の一人であることは間違いないでしょう。

●**林述斎**（1768～1841）　江戸後期の儒者。美濃《みの》岩村藩《いわむらはん》藩主・松平乗蘊《まつだいらのりもり》の子。幕府の命により、幕府儒官の家系である林家を継ぐ。林家の聖堂学舎《せいどうがくしゃ》を幕府の学問所（昌平黌）とし、教育行政に尽力した。佐藤一斎の師。

そういう方なので、今の時代、そして、これからの時代にわたっても、生きていく心得のようなものを訊《き》いておくことは、非常に大事なのではないかと思います。先ほど述べた『言志四録』なども、四十数年にわたって書いたと言われているものですし、それ以外にも書いたものはたくさんあって、位置づけ的に見ると、「日本のカントか、あるいは、孔子《こうし》の再来か」というぐらいのイメージがしないわけではありません。弟子のほうが活躍《かつやく》していますが、ご本人のほうは、明治維新の前に没《ぼっ》しておられるので、よく分からない感じがあるのです。

ちなみに、（資料を見ながら）ここには「温厚《おんこう》な性格」と書いてありますが、顔を見ると、少し怖《こわ》い顔をしているので、今日は、〝怒《おこ》られ役〟の質問者が出ているのかと思います（笑）。

なお、いちいち漢文の意味を訊くことほど退屈《たいくつ》なこともないので、そういうことはしないつもりです。現代語にて、いろいろな考えや、何か「現代人のバイブル」になるような言葉を引き出せたらいいかなと思っています。

今、政治のほうも経済のほうも混迷《こんめい》していて、先が不透明《ふとうめい》な時代に入っているので、やはり、生きていく智慧《ちえ》が必要なのではないでしょうか。

キリスト教など、さまざまな教えにも通底《つうてい》する佐藤一斎の言葉

大川隆法　佐藤一斎が遺《のこ》したもので有名なのは、「老《お》いて学べば、則《すなわ》ち死して朽《く》ちず」などという、「勉強したらどうなるか」というようなことを年齢《ねんれい》ごとに述べている言葉です（「少にして学べば、則ち壮《そう》にして為《な》すこと有《あ》り。壮にして学べば、則ち老いて衰《おとろ》えず。老いて学べば、則ち死して朽ちず。」〔『言志晩録』第六十条〕）。
さらに、いちばん有名なもので、私も説法《せっぽう》で使ったことがあるのは、「闇《やみ》を恐《おそ》れるなかれ」ということを述べた言葉です。「闇を恐れるのではなく、自分の提《さ》

げているただこの一燈《いっとう》をこそ頼《たの》め。自分が持っているこのランタンの光、一燈を頼《たよ》りにして、ただただ闇を進め。闇を恐れるな」というようなことを言っているわけです（「一燈《いっとう》を提《さ》げて暗夜《あんや》を行《ゆ》く。暗夜を憂《うれ》うること勿《なか》れ。ただ一燈を頼《たの》め。」〔『言志晩録』第十三条〕）。

そういう教えは、儒教でありながらキリスト教にも似たようなところがあるし、ほかのものでも通用するところです。

「心に光を灯《とも》せ」という言い方は、いろいろな教えにあると思うので、もしかすると、底のほうで「通底《つうてい》している教え」、

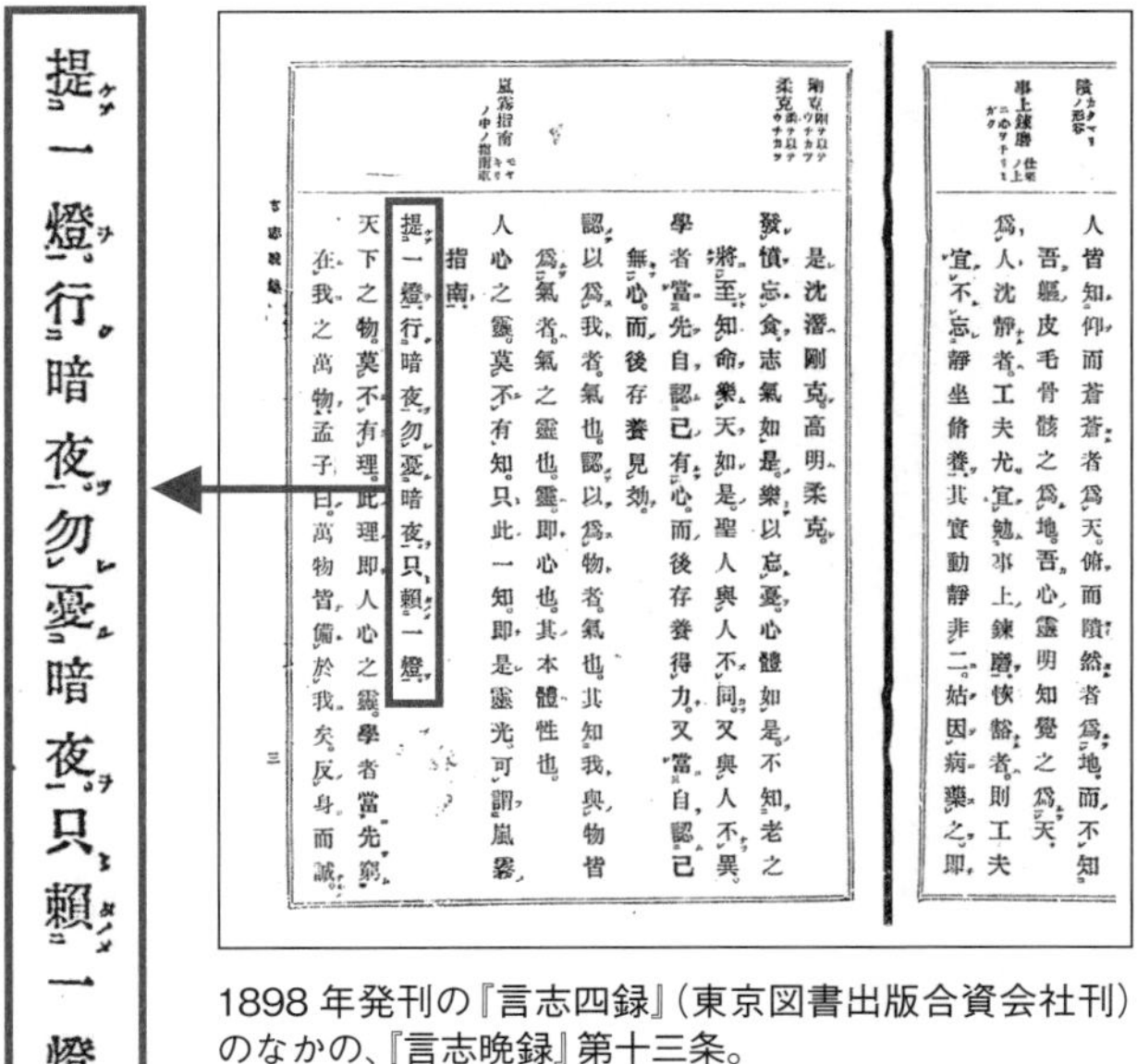
隤ノ形容
事上錬磨
人皆知仰而蒼蒼者爲天。俯而隤然者爲地。而不知
吾軀皮毛骨骸之爲地。吾心靈明知覺之爲天。
爲人沈靜者。工夫尤宜勉事上錬磨。快豁者。則工夫
宜不忘靜坐脩養。其實動靜非二。姑因病藥之。即
剛克
柔克
是沈潛剛克。高明柔克。
發憤忘食。志氣如是。樂以忘憂。心體如是。不知老之
將至。知命樂天。如是。聖人與人不同。又與人不異。
學者當先自認己有心。而後存養得力。又當自認己
無心。而後存養見効。
認以爲我者。氣也。認以爲物者。氣也。其知我與物皆
爲氣者。氣之靈也。靈即心也。其本體性也。
人心之靈。莫不有知。只此一知。即是靈光。可謂嵐霧
指南。
嵐霧指南
提一燈行暗夜。勿憂暗夜。只頼一燈。
天下之物。莫不有理。此理即人心之靈。學者當先窮
在我之萬物。孟子曰。萬物皆備於我矣。反身而誠。
言志晩録
三
提一燈行暗夜勿憂暗夜只頼一燈

1898 年発刊の『言志四録』（東京図書出版合資会社刊）のなかの、『言志晩録』第十三条。

つながっている大きな教えがあるのかもしれないという気がします。

現代の閉塞感《へいそく》に風穴《かざあな》を開《あ》けるような霊言《れいげん》を期待する

大川隆法　そういうことで、アトランダム（無作為《むさくい》）にいろいろな質問をお受けしながら、現代の閉塞《へいそく》感のようなものに風穴《かざあな》を開《あ》け、「未来を拓《ひら》くための言葉」になればよいかと思っています。

現代に働く人たちの役に立ち、経営や、あるいは政治をしている方などにも役に立つような導きの一つでもあればよいのではないかと考えています。

そういうところで、とにかく適当に怒られればいいわけですよ（笑）。

里村　（笑）

大川隆法　ほかの人に代わって、ご指導を受ければありがたいのではないかと思います。

里村　はい。

大川隆法　教えた人の人数とメンバーから見て、ただ温厚なだけの人ではないだろうとは推定します。では、行きますね。

里村　はい。お願いいたします。

大川隆法　それでは、幕末の昌平黌の教授であり、明治維新にも大きな力を与えたのではないかと思われます、朱子学の大家《たいか》、佐藤一斎先生を、幸福の科学総合本部にお招きします。現今の情勢下、われわれが学ぶべきこととは何なのかをお教えくだされば幸いです。

今日は、「心を練《ね》る」というような考え方も伺《うかが》っております。どうぞ、私たちをご指導くださいますようお願い申し上げます。

佐藤一斎の霊よ、佐藤一斎の霊よ。

どうか、幸福の科学総合本部に降りたまいて、その心の内を明かしたまえ。

佐藤一斎の霊よ、佐藤一斎の霊よ。

どうぞ、幸福の科学総合本部に降りたまいて、その心の内を明かしたまえ。

ありがとうございます。


（約五秒間の沈黙《ちんもく》）

佐藤一斎（1772 ～ 1859）
『言志四録』は、後半生の四十年余りにわたって執筆され、「春風《しゅんぷう》を以《もっ》て人に接し、秋霜《しゅうそう》を以て自ら粛《つつし》む」など、その至言は指導者の心得として、現代にまで長く読み継がれている（上：岐阜県恵那市の岩村歴史資料館前に設置されている佐藤一斎翁像／左下：七十四歳時の書／右下：七十一歳の一斎像、椿椿山画）。

2　なぜ、「幕府側」と「維新《いしん》側」両方の人材を育てたのか

「人は何を学んだかによって変わるもの」

佐藤一斎　ウウンッ、ウン（咳払《せきばら》い）。

里村　佐藤一斎先生であられますか。

佐藤一斎　うーん……。

里村　本日はご降臨《こうりん》いただき、まことにありがとうございます。

佐藤一斎　うーん。言葉が正しくないな。私のような者には、「降臨」という言葉は使わないほうがよろしい。

里村　いえ、とんでもないことでございます。今、大川総裁よりご紹介《しょうかい》を頂きましたように、江戸《えど》時代の末期において、大儒《だいじゅ》、つまり、儒学の大成者にして、また、大きな樹《き》のように多くの葉を繁《しげ》らせて人材を輩出《はいしゅつ》された方ということで、たいへん尊敬申し上げております。

佐藤一斎　うーん。

里村　現代もまた、江戸末期と似たような激動の時代にあり、私《わたくし》ども二十一世紀の現代人が、そうしたなかで生きていくに当たっての心構えなどについて、今日はお話をお伺《うかが》いしたいと思います。何とぞ、よろしくお願いいたします。

佐藤一斎　いやあ、教えることなど、何一つないのではないかな。

里村　いえいえ。現代では、「門下生六千人」という説もございまして、何千人もの方々を育てられたと言われています。

そこで、まず初めに、佐藤先生ご自身のことについてお伺いしたいのですが、佐藤先生は幕末において、横井小楠《よこいしょうなん》先生、あるいは佐久間象山《さくましょうざん》先生をはじめとする、たいへんな人材を育てられました。そして、時代を大きく変化させる力にもなられたわけですけれども、今、振《ふ》り返ってみて、ご自身の人生をどのように総《そう》括《かつ》されるのか、感じておられるのかというところから、お話をお伺いしたいと思います。

佐藤一斎　まあ、君らとは立場が同じではないかもしれないので。君らは、「生まれによって、魂《たましい》において尊《とうと》い」というようなことを、ずいぶん尊重《そんちょう》なされるんではないかな。

私などは、そういうことはあまり気にしないほうなので。そうではなくて、「人は、やはり、何を学んだかによって変わるものだ」というふうに考えている者であってね。

だから、君らのような〝先天性の偉人《いじん》〟もいるんではあろうけれども、やっぱり、「今世《こんぜ》において何を学びしか」「内に学びて蓄積《ちくせき》せしものが、必ず外に表れてくる」と、だいたいこういう思想だわな。

そして、「学びの中身も大事ではあるけれども、学びの態度も、また重要である」と。「どのように学んでおり、学んでいくかということが、その人の人生をも決める」というふうに考えるわけだな。

里村　はい。

佐藤一斎　だから、古い人間になって申し訳ないけれども、「学徳《がくとく》こそ智慧《ちえ》の泉」という考えだし、「勇気の泉」であり、「行動の泉」でもあるということだ。

やはり、「学ばずして走ったところで、何事も成すことはないであろう」ということで、よく学び、学びの過程で自《みずか》らを鍛《きた》え、それによって、より大きな影響《えいきょう》力《りょく》を人々に与《あた》えつつ、行動し、人生の航跡《こうせき》を遺《のこ》す。「航跡」というのは、自分が海を駆《か》けていった跡筋《あとすじ》のようなものかな。そういうものを遺す。それが人生ではないかと思っておるわけだがな。

日本が〝脱皮《だっぴ》〟しなければ植民地になることは分かっていた

里村　今、学徳を養《やしな》うことの大切さをお教えいただきましたけれども、当時の江戸時代、つまり徳川《とくがわ》時代は、身分制社会のなかにありました。そうしたなかで、やはり、当時も、「人は、生まれとか身分によってではなく、学ぶことで自分の身を立てられ、人生を変えていける」という信念の下《もと》、ご指導に当たられたわけでしょうか。

佐藤一斎　結局そういうことでしょう？　明治になって、四民平等《しみんびょうどう》の世になったんだろうけれども、その基《もと》には、「維新《いしん》の思想」があった。「武士などの身分の上下にかかわらず、頭角《とうかく》を現してきた者がリーダーになっていった」ということは、そういうことにつながっているわけで。

知識としては、「フランス革命」とか、いろいろなものが入っていたとは思うし、そういう影響はないとは言えないけども、現実に、下層武士たちが力を持って、武力でもって、あるいは智慧でもって、（徳川幕府を）転覆《てんぷく》させていった。幕府方にあっても、勝海舟《かつかいしゅう》なども、生活は極貧《ごくひん》のなかにあって育っておりますからね。いわゆる貴族のような生活をしているわけじゃない。そのなかで、やっぱり、幕府も（勝海舟を）「人物」として上げてきて、使っている。

だから、幕府の側にも、けっこう有力な人材はいた。幕府もまた変わろうとして努力はしていたが、幕府の外側にある諸藩《しょはん》のなかにも、有力人材が身分にかかわらず出ていた。やはり、「幕府を倒《たお》して近代化を進めないと、この国は、もう、もたない」という感じかなあ。「この国は、新しい啓蒙《けいもう》時代を今、迎《むか》えようとして、脱皮《だっぴ》しなければ、隣《となり》の清国《しんこく》のように植民地になるであろう」というようなことは、私も思想としては十分に分かっておったのでね。

私の晩年の十数年ぐらいは、ヨーロッパの諸国が、アジアに植民地を次々とつくっていった時代であったからね。

それは、今、君たちが、「外国からの侵略《しんりゃく》の恐《おそ》れがある」と称《しょう》して、新しい啓蒙活動をやったり、政治活動をやったりいろいろしていますけど、似たような気運は感じるね。

陽明学《ようめいがく》のほうを吸収した者が、革命家になっていった

里村　現代のことも、非常によくご存じでいらっしゃるようですけれども、その話はまた後《のち》ほどお伺いしたいと思います。

今、先生がおっしゃったお言葉によると、先生のお弟子《でし》さんや、さらにそのまた弟子の孫弟子に当たる方たちのなかには、佐幕《さばく》派もいれば、倒幕《とうばく》派もいたということです。しかし、先生は、現代の東大総長に当たるお立場であり、体制側の

方でいらっしゃいました。教える立場からすると、非常に難しいところがあったと思いますが、そうした立場に悩《なや》まれることはなかったのでしょうか。

佐藤一斎　うーん。立場上は、体制維持方《がた》のことを教えなければいけないからね。今で言えば、幕府側に立つ思想のほうが「保守」になるわけで、その保守の思想というのは、朱子学《しゅしがく》の正統派の林家《りんけ》、つまり、林述斎《はやしじゅっさい》先生以下に流れているのが、体制を維持する「朱子学」の思想だな。あと、それが「徳川の精神」でもあったからね。これを表に教える。それは幕臣たちに教えられる学問だな。

王陽明《おうようめい》の「陽明学」のほうは、どちらかといえば、元役人だった者が反乱などを鎮圧《ちんあつ》しているうちに、「革命的な思想」も持つようになったところで、いろいろ出てきた。

先ほど言った、中国が植民地化されるころに、やはり、日本でも陽明学者による反乱が幾《いく》つかあったわね。

里村　はい。●大塩平八郎《おおしおへいはちろう》の乱などがありました。

佐藤一斎　うん、そう、そう、そう。大塩平八郎の乱とか、いろいろあったと思うが、幕末、二、三十年前ぐらいに起き始めたから。幕府は陽明学に対して、ちょっと警戒《けいかい》してたところはあった。

ただ、私の教えのなかには実際上、陽明学が紛《まぎ》れ込《こ》んではいたので、そちらのほうの系譜《けいふ》を学んだ者は、革命家になっていった。

要するに、表側の「朱子学」を建前《たてまえ》に教えられて学んだ人は「幕府の役人」となり、「陽明学」のほうを吸収した者が「革命家」になっていったと。そういうことかな。

●**大塩平八郎の乱**　天保の大飢饉による米不足に端を発し、大坂町奉行所の元与力・大塩平八郎（1793 ～ 1837）らが民衆の不満を糾合して起こした反乱。

「頭は朱子学《しゅしがく》、心は陽明学《ようめいがく》だった」

斎藤　大川隆法総裁先生の冒頭《ぼうとう》の解説にもありましたが、「陽朱陰王《ようしゅいんおう》」と言われ、「表のほうでは朱子学《しゅしがく》を教え、裏側のほうでは陽明学《ようめいがく》を教えている」という、両方を合体させた、非常に〝まれ〟な師であったということです。

朱子学か、陽明学かのどちらかだけでもいいのに、なぜ、両方を併《あわ》せ持って、勉強をされる必要があったのでしょうか。

特に、儒学者として、幕府の学問所で教えていた立場だったわけですから、「陽明学は革命思想につながる」ということで、当時、危険ではあったと思います。そのあたりの、両方を併せ持って教えを学んで、学識を深め、思想を広めていった理由を教えてください。

佐藤一斎　「頭は朱子学、心は陽明学だった」から（笑）。まあ、それだけのことさ。ハハハ（笑）。立場上、体制側にいたから。頭はそらあ、朱子学を教えることで〝給料〟はもらっておったからな。

　ただ、心は陽明学だったね。だから、政治家じゃなかったから、そういうふうな仕事はしなかったが、もし行動に移すとしたら、やっぱり、「陽明学のほうに行くだろうな」という、心のほうは隠《かく》せんわな。

里村　そうしますと、ここは少し肝心《かんじん》な点なのですが、当時、「海外の諸事情から見ても、大きな変化が起きてくるのは必至《ひっし》である」と、先生は考えていらっしゃったわけでございましょうか。

『朱子の霊言──時代を変革する思想家の使命──』（幸福の科学出版刊）

『王陽明・自己革命への道』（幸福の科学出版刊）

佐藤一斎　誰《だれ》が考えてもそうなんじゃないかねえ（笑）。「文明格差」はね、多少の人間は海外に行っているので、そらあ、明らかに見えていたと思うけれども。

あと、私の最晩年になるけど、ペリーとかも来たしね。ペリーの蒸気船あたりで、日本国中が大騒動《おおそうどう》になってますから。それが私の没《ぼっ》する数年前ぐらいになりますからね（注。ペリーの最初の日本来航は一八五三年）。そら、誰かが行動を起こさなきゃいかんわね。それを、「幕府の側の変革でやれるか」、「新たな勢力によってやるか」、可能性としては二つあったわね。

私も、国師《こくし》的立場にあったから、当時ね。だから、それとしては、「両方の可能性」をいちおう考えておく必要はあったわな。幕府側の人間としては、幕府が続いていくための「イノベーションの原理」を教えなきゃいけなかったわけだけども、駄目《だめ》だった場合は、やはり、決起《けっき》して、ヨーロッパのように革命を起こさねばならないかもしれないということで、両方を見てたわな。

だから、〝右手〟と〝左手〟で両方、人材を乗せて、「この国をどうするか」ということは考えてはおったな。

どのように学んでおり、
学んでいくかということが、
その人の人生をも決める。

3　佐藤一斎が語る「学問の力」

「老《お》いて学びし者は、永遠の生命《せいめい》を得る」

里村　私たちは、どうしても佐藤一斎先生は、「大学者でいらっしゃる」というイメージが先行していたのですけれども、今、お伺《うかが》いしていると、やはり、「革命思想家」に近いものもお持ちでいらっしゃったということが分かりました。

佐藤一斎　いや、まあ、八十七、八歳《さい》まで生きたからね。そらあ、「革命家」というよりも、ほとんど「寿老人《じゅろうじん》」に近いからなあ。アッハッハッハッハッハッハッ（笑）。

ようですね。

斎藤　確かに、七十歳ぐらいから、本格的に昌平黌《しょうへいこう》の儒官《じゅかん》（総長）をされていた

佐藤一斎　そうなんだけど、当時としてもかなり、〝亀《かめ》の甲羅《こうら》〟みたいな感じになっとったからね。もう、その年になるとあんまり、批判もされにくくなるから。特に朱子学《しゅしがく》のほうは、「長幼《ちょうよう》の序《じょ》」というのを、けっこう言うからね。だいぶ、大胆《だいたん》なことも言えるようになっていったところはあるなあ。

ただ、「この世の原理」だけで説いていたわけじゃないな。やっぱり、君たちの言葉で言えば、「学んだことは、あの世に持って還《かえ》れる」ということだな。

だから、「この世でどのような学びをし、どのような生き方をしたか」ということが、あの世へ行っての、「永遠の生《せい》」かな、そういうものを導くことになる

だろうということが分かっておったけれども。孔子《こうし》自《みずか》らが、それをあまり説いてはいなかったからね。

ただ、日本に生まれた以上、仏教も多少学んでおるから、仏教思想から見て、そうした来世《らいせ》の思想もバックにはあるわね。

今の日本は、高齢《こうれい》化時代だろうし、政治は高齢化時代の対応法をいろいろと考えるだろうが、結論はね、結局、長く生きんとし、名を遺《のこ》さんとせば、学ぶしかないのであって、「老《お》いて学びし者は、永遠の生命《せいめい》を得る」ということだな。

里村　それが、「老いて学べば、則《すなわ》ち死して朽《く》ちず」というお言葉にもつながっているのですか。

佐藤一斎　そうだ。

里村　なるほど。

佐藤一斎の「悟《さと》り」とは

斎藤　今、「永遠の生命」というような言葉がいろいろと出てきました。大川隆法総裁の冒頭《ぼうとう》の解説でもありましたように、佐藤一斎先生の、「一燈《いっとう》を提《さ》げて、暗夜《あんや》を行《ゆ》く。暗夜を憂《うれ》う勿《なか》れ。只《ただ》一燈を頼《たの》め」という言葉を学ばれ、その真の精神をご説法《せっぽう》されたことがあります。

そのように、総裁先生のお心にも、学びの影響《えいきょう》を非常に与《あた》えているところもありますが、儒学者として、朱子学《しゅしがく》も陽明学《ようめいがく》も両方学んだ奥《おく》には、何か「悟《さと》り」というか、「心の大発見」のようなものがおありだったのでしょうか。

佐藤一斎　いや、それはね、幕府二百五十年、六十年の安泰《あんたい》のなかに、〝闇夜《やみよ》〟が広がってきたのは分かりましたよ。君たちが今、感じているように、幕府も財政赤字で潰《つぶ》れかけていて、財政再建したくはあったし、諸藩《しょはん》もそういう状態にはあった。

しかし、国力をつけなければ、有力な諸外国から攻め寄《よ》せられる恐《おそ》れもあったし、蘭学塾《らんがくじゅく》なんかも流行《はや》っておりましたからね。

蘭学塾のほうでは、洋学を取り入れてやっておりましたが、その意味で、朱子学のほうでも、そうした変化に対応できる考え方を持っていないといけないとは思っていましたがね。

やはり、私の目には、〝幕末の闇〟は、はっきり見えてはいましたね。

里村　そうした考え方・見方というのは、徐々《じょじょ》に徐々に、見えてこられたのでしょうか。あるいは、やはり、もう使命として、そういうものを持って、あの時代、一七七〇年代にお生まれになったのでしょうか。

佐藤一斎　いやあ、それは先ほど言った、君らのような「先天性の偉人《いじん》」「魂的《たましい》偉人」と、そうでない者との分かれ道だろうけども（笑）。長く学べば、「高く梯《はし》子《ご》を登る」のと同じでね、高く登れば、いろいろなものが見られるようになるのさ。

まず学ぶべきは、「人間学」を教えている古典

里村　そこでお伺いしたいのは、「学ぶ」ということに関してですけれども、私たちは何を学ぶべきなのでしょうか。そのあたりについてのお考えを、お聞かせいただければと思います。

佐藤一斎　まず、それはね、「古典」だな。長らく人の目を介《かい》して、消えていったものがたくさんあるなかで、生き残ってきたもののなかには、時代を超《こ》え、地域を超え、人種を超えて、人の心に訴《うった》えかけるものがあったのであろうからね。そうしたものを学び取ることが大事ではあっただろうね。

だから、「人間としての自分をいかに練《ね》り込《こ》むか」という「心の練り込み方」を教えている、そういう大事な書籍《しょせき》を繰《く》り返し真読《しんどく》して身につける。そのエキスの部分を身につけて、自分の人生訓として携帯《けいたい》して、「常に、物事に迷ったときには、それに照らして判断する」ということが大事なことではないかな。

もちろん、いろいろな学問はあるし、「実用の学」としては、どんどん新しいものも出てはくるであろうが、不変《ふへん》のものとしては「人間学」だわな。「人間いかに生くべきか」ということには不変のものがあろうし、「二千年前の人が、今よりも劣《おと》っている」とは、必ずしも言えんわな。

里村　そうした儒教の「人間学」を、古典などから、しっかりと学んでいく。これが、まず第一であったということですね。

佐藤一斎　〝本職〟はそうだな。

「生まれによらずして、学徳《がくとく》による智慧《ちえ》を師とせよ」

斎藤　実際、冒頭から、「学徳《がくとく》こそ智慧《ちえ》の泉」とおっしゃっていましたけれども、そこには、「蓄積《ちくせき》の原理」のようなもの、「蓄積し、どんどんどんどん知を積み重ねていくなかで、内なる光を強める」という、やや仏教にもつながるような姿勢をすごく感じます。

例えば、佐藤一斎先生の孫弟子《まごでし》である吉田松陰《よしだしょういん》先生も、「野山獄《のやまごく》に幽閉《ゆうへい》されているときに、五百数十冊の書を読まれた」と聞いていますし、そうした学風というか、学びの気風が受け継《つ》がれていると思うのです。

そういう意味で、佐藤先生も、古典を学ぶ際には、やはり、「読書」の大切さということを常に念頭に置かれていたのではないかと思うのですけれども、そのあたりについては、どのような姿勢で本をお読みになっていたのでしょうか。

佐藤一斎　学問の前には、「四民平等《しみんびょうどう》」だからね。どんな藩から出てこようと、どんな身分から出てこようと、やっぱり、学問を学び、その奥まで到達《とうたつ》した者には、師となる資格が出てくる。人を導けるようになれば、それは一種の先生だからね。

だから、「生まれによらずして、学徳による智慧を師とせよ」ということかな。

（手元の資料を見ながら）これにも書いてあるけど、もちろん私だって、決して、そんなに、ずっとよかったあれではなくて、今で言う「岐阜県《ぎふ》」と書いてあるから、美濃国《みののくに》生まれの者だけどもね。それが、江戸《えど》にて、諸大名まで教えなきゃいけない立場に立つっていうのは、やっぱり、それは、学問の力によるものであってね。

だから、弟子を教える際にも、そうした身分等を超えて、やはり、「どのように学問の中枢《ちゅうすう》に迫《せま》っているか」ということは、よく見てはおりましたかな。

佐藤一斎が霊界から贈る「新・言志四録」②

長く生きんとし、名を遺《のこ》さんとせば、学ぶしかない。
「老いて学びし者は、永遠の生命《せいめい》を得る」ということだ。

佐藤一斎が霊界から贈る「新・言志四録」③

「自分をいかに練《ね》り込《こ》むか」という「心の練り込み方」を教えている、大事な書籍《しょせき》を繰《く》り返し真読《しんどく》して身につける。
そのエキスの部分を人生訓として携帯《けいたい》して、常に、物事に迷ったときには、それに照らして判断する。

4　現代人に向けて「情報と学問の違《ちが》い」を喝破《かっぱ》する

日本経済の停滞《ていたい》の原因は「スマホ」や「インターネット」にある!?

里村　翻《ひるがえ》って、現代の話をしますと、現代人というのは、「スマホ」や「インターネット」というものを通じて、いろいろな情報、あるいは知識を集める術《すべ》が非常に充実《じゅうじつ》しているように見えます。そして、多くの人がそういうものを見るほうに時間を取られていますけれども、これについては、読書の大切さを訴《うった》えられる佐藤先生からご覧になって、いかがでございましょうか。

佐藤一斎　それが現代の「没落《ぼつらく》の原因」なんじゃないか。

斎藤　えっ？

里村　没落の……。

斎藤　ただ、情報力ということで言えば、非常に最先端《さいせんたん》のいろいろな情報が、たやすく入手できるような状況《じょうきょう》にはなっていますけれども……。

佐藤一斎　〝情報力〟というよりは、〝泡沫《うたかた》の知識〟を追いすぎているわなあ。

だから、たとえて言えば、「川が流れている。雨が降る。雨が降ったら、川の表《おもて》にあぶくができる。あぶくができて、しばらく流れて、弾《はじ》けて散る。次の雨が落ちる。あぶくができる。しばらく流れて、弾けて散る。それをいちいちレポートしている」、それが君らの言う「情報」だよ。

それで賢《かしこ》くなると思っておるなら、〝おめでたい人間〟としか言いようがないわな。

里村　その没落というのは、個人の没落だけではなく、社会全体、あるいは、国家の没落ともつながるものだと受け止めてよろしいのでしょうか。

佐藤一斎　少なくとも、現在の経済の停滞、日本なんかの二十年の経済の停滞は、そうした、コンピュータから発生しているスマホや携帯《けいたい》、その他のツールを使いすぎる人たちが起こしている。そうした没落であることは間違いない。

里村　はあ……。

スマホやインターネットから「没落《ぼつらく》」が始まる理由

里村　なぜ没落《ぼつらく》してしまうのでしょうか。

佐藤一斎　「時間を無駄《むだ》にしている」ということが一つ。

里村　はい。時間ですね。

佐藤一斎　それから、情報という面はあるかもしれないけども、そのなかにある「知識の質が落ちている」ということ。

里村　はい。

佐藤一斎　やっぱり、この二つが生産性を落としているということは言えるな。だから、生産性を上げているのは、そういうものを開発している業者。彼らは生産性を上げ、儲《もう》け、世界的な大金持ちになっとるわな。

それは頭がよろしいのであろうけれども、使わされて自分の時間をどんどん失っている者たちは、実は、〝奴隷《どれい》階級〟に落とされていることが分かっておらんということだな。

斎藤　〝奴隷階級〟まで行くのですか？

佐藤一斎　そう、奴隷階級。

斎藤　時間を無駄にしているからですか。

佐藤一斎　安っぽい情報をつかまされ、「遊んでいるのではなくて、勉強している」と思わされて、金を払《はら》っている。そして、自分の中身を劣化《れっか》させていっている。それが没落の原因だわな。

だから、まもなく、全世界的には没落が始まるだろう。

「学問の力は、スマホや携帯《けいたい》電話では得られない」

里村　これは、非常に痛烈《つうれつ》な現代文明批判であると思いますけれども……。

佐藤一斎　例えば、アフリカの人間が携帯《けいたい》電話を使ったり、スマホを使ったり、フェイスブックを使ったりしとるけれどもね、そんなことよりも大事なのは、

「食糧《しょくりょう》をつくる方法」や、「食糧をつくるための農機具をつくる方法」、「水を引っ張ってくる方法」、「電気を発電し、それを送電するシステム」、それから、「その電気を使って工業生産を起こしていく技術」であるしね。

そして、「経済をどのように回していくか」ということだな。

イスラム圏《けん》も多いけども、イスラム教には経済の観念がないから、ここにやっぱり、そうした経済観念を打ち立てねばいけない。

こういうものには、全部、「学問の力」が必要なんだよ。そういう学問の力はね、スマホや携帯では得られないんだよ。

佐藤一斎は、現代の「情報消費社会」をどう見ているのか

里村　そうすると、「現代社会は、学問の力を使っていない。生かしていない」ということですね。

佐藤一斎　うん。だから、君らは、いわば……。例えば、ヤギの乳《ちち》というか、牛乳でもいいが、あれを大釜《おおがま》で煮《に》ると、表面に薄《うす》い膜《まく》ができるわな。

里村　はい。

佐藤一斎　ああいうものをだんだん固めていけば、それはバターが取れ、チーズになっていくんだけどね。そのバターになり、チーズになっているものが「学問」なんだよ。

しかし、そうした、熱せられた牛乳の上についている湯葉《ゆば》のような薄い膜はな、それだけでは大した力にはならないんだよ。これが、君らが言っている「情報」っていうものなんだよ。それは熱すれば、すぐ上に浮《う》いてくる、牛乳のタンパク質の部分だな。

だけど、これだけでは駄目なんだよ。これをやっぱり、バターにし、チーズにしていく力が必要。そこまで練《ね》り込《こ》んで、つくり上げたものが「学問」なんだよ。だから、そこまで行ってないんだよ。それ（湯葉のようなもの）で満足している。「成分は同じだ。同じものだ」と言ってるわけね。

しかし、成分は同じようであって、（結果は）同じではない。なぜなら、バターなり、チーズなりに仕上げたものは、長く保存することができ、いろいろなかたちでの調理に使うことができる。また、保存食料としても使うことができる。だから、そうした表面に浮いた湯葉のごとき薄膜とは、存在が違っている。みんな、そういう、できたての湯葉のような薄膜ばっかりを、つくってはすぐ食べているような状況が、今の情報消費社会だな。

「ロボットが、人間を奴隷《どれい》にする時代が来るだろう」

里村　それは、要するに、単に現代人が努力をしなくなったということだけなのでしょうか。あるいは、そうではなくて、やはり文明のなかに、何か過《あやま》てるものがあるのでしょうか。

少し大きな話に飛んでしまいますけれども、どのようにお考えでしょうか。

佐藤一斎　だから、「最終的には、人間が機械に負ける文化のほうに突入《とつにゅう》している」ということさ。

斎藤　ああ、なるほど。「人間が機械に負ける文化がいけない」ということですね。

佐藤一斎　ああ。もっと言えば、「人工知能」。人工知能を持ったロボットが人間の代用をし、次は人間を奴隷にする時代が来るだろう。この流れは必ずな。それは何かを見失ったからさ。

（人間が）情報の範囲《はんい》のなかで戦うかぎり、いずれ敗れることは間違いない。将棋《しょうぎ》やチェスでコンピュータと名人が試合をして、だんだんにコンピュータの勝ち目のほうが上がってきつつはあるようだけれども、いずれ、それはやられるようになるだろう（注。本予言の通り、二〇一六年三月、英グーグル・ディープマインド社が開発した人工知能「アルファ碁《ご》」と、韓国《かんこく》のプロ棋士《きし》で世界最強といわれているイ・セドル九段の全五局の対局が行われ、アルファ碁が通算四勝一敗で勝利した）。

しかし、学問そのものでは、そういうふうにはならない。

里村　はあ……。

フェイスブックでの会話に「人生の重要事」は入っているか

斎藤　そうした「機械に勝っていく力」というものがあるのは分かります。しかし、われわれは、それを学問の力として、どのように身につけていけばよいのでしょうか。

それは、「ただ繰《く》り返し学んでいく。どんどんどんどん精進《しょうじん》を重ねていく」というような方法なのか、それとも、何か精神的に求めていくものが必要なのか。佐藤一斎先生、教えていただけますか。

佐藤一斎　だからね、知識に還元《かんげん》される内容や思想に、「いったい、いかに人生にとって重要なことであるのか。人間社会の建設にとって大事なことであるのか」というものが、一本入っているかどうかなんだよ。

例えば、ハーバードの学生かなんかがね、アメリカ発の〝お見合いの出会い系サイト〟のような「フェイスブック」をつくって、ボロ儲《もう》けして、世界一の大金持ちになっておるんだろう。

そいつは賢いし、三十歳《さい》ぐらいまでにそうなってしまったと思うが、そいつが堕落《だらく》させたものもかなり大きいわな。やっていることに、それだけの意味がないということだよな。

里村　はい。

佐藤一斎　実際には会ってない男女のカップルの組み合わせがいろいろできると

か、会ってもない人たちのサークルができるとか、無駄口《むだぐち》をたたくのが、コンピュータを使えば、みんなインテリの仕事に見えてくる。現実は、それは「井戸端《いどばた》会議」の内容だわな。

それで、付き合わなくてもいい人たちとも、付き合わなきゃいけなくなっている。これが、みんな、どれほど人間を堕落させるか分かるか。

私たちの塾《じゅく》で言えば、話し合えるレベルというのは、それぞれあるわけですよ。やっぱり、入門して勉強して、学徳が上がってきた者同士は議論ができるが、そこまで達していない者は明らかに議論にならないわな。

そういうものが、少し違ったかたちになっていて、いわゆる商売の相手として、あなたがたが、みな使われている。〝奴隷化〟されつつある。そういう一部の賢い人たちに〝奴隷化〟されつつあるということだな。

ただ、そういうかたちで事業を大きくして金を儲けた者が、〝現代の偉人《いじん》〟に当たるかどうかというと、深い疑問がないわけではない。人類を堕落させたのなら、実は、彼らは偉人の反対側にいる。

〝奴隷《どれい》階級〟となるか、「学問の世界」に入るか

原口　先ほど、スマホの話がございましたけれども、このようなインターネットでつながるという現象は、特に若者を中心に広がっていると思います。

佐藤一斎　〝病気〟だな。

原口　病気ですか。

佐藤一斎　うん、〝ウイルス〟だ。

原口　ウイルス……。

佐藤一斎　うん、うん。それは、一種の〝感染病〟だな。病気で金を儲けているようなもんだ。

斎藤　ただ、そのなかに「有用性」というものはないのでしょうか。私も少しばかり……（苦笑）。

佐藤一斎　君らがそれを使ってるのは知ってるよ。

斎藤　いえいえ（苦笑）。

佐藤一斎　だから、それを否定はしないよ。ただ、「〝奴隷階級《どれい》〟だということだけは知っとけ」ということ。

斎藤　なるほど。「その枠《わく》のなかで、奴隷のように使っている」と……。

佐藤一斎　調べれば、「佐藤一斎」と出てくるんだろう?

斎藤　はい。データなので一瞬《いっしゅん》で出ます。

佐藤一斎　「それで満足した人は〝奴隷〟だ」ということなんだよ。

里村　そこで止まるわけですね。

佐藤一斎　そうではなくて、佐藤一斎の本を買って、それを読み解《と》いて、考えて、参考書まで見て、当たった人は、「学問の世界」に入っている。

斎藤　なるほど！　表面的な知だけで満足してしまい、情報が泡沫《うたかた》のように終わってしまうレベルだったら、〝奴隷階級〟になっているわけですね。

佐藤一斎　そう。今日、私の話をするためだけに、それを調べて、読んで、分かったような気になったら、それで終わりなんだよ、君たちは。

里村　そうしますと、根底にあるのは、今日、佐藤先生が降臨《こうりん》されて、最初におっしゃった……。

佐藤一斎　だから、「降臨」という言葉は使わないでくれよ。

里村　あっ、分かりました。佐藤先生は降りられて、最初に、「学問・学修《がくしゅう》によって、人間はどうとでも自分をつくり変えていけるのだ」とおっしゃいました。やはり、この部分を忘れてはならないということですね。

佐藤一斎　うーん。だから、スマホによって、偉人なんか一人も出てないんだよ。だけども、みんな知識の共有は進んで、情報は簡単に取れて、賢くなったような気になってるんだよ。だから、横断歩道を渡《わた》りながら調べている。まあ、賢くなったような気になっておる。

しかし、実は、みんなが〝ちっちゃな牢獄《ろうごく》〟のなかに入れられている。そのうち、人間がスマホの画面のなかに吸い込まれるわ。

佐藤一斎が霊界から贈る「新・言志四録」④

日本の二十年の経済の停滞は、スマホや携帯《けいたい》、
その他のツールを使いすぎる人たちが起こしている。
そうした没落《ぼつらく》であることは間違いない。

佐藤一斎が霊界から贈る「新・言志四録」⑤

人工知能を持ったロボットが人間の代用をし、
次は人間を奴隷《どれい》にする時代が来るだろう。
この流れは必ずな。それは何かを見失ったからさ。

スマホによって、偉人なんか一人も出てないんだよ。
みんな知識の共有は進んで、情報は簡単に取れて、
賢《かしこ》くなったような気になってるんだよ。
しかし、実は、みんなが〝ちっちゃな牢獄《ろうごく》〟のなかに
入れられている。
そのうち、人間がスマホの画面のなかに吸い込まれるわ。

5　佐藤一斎に「志《こころざし》」と「人間学」の真髄《しんずい》を訊《き》く

常に「志《こころざし》」を忘れず、「発憤《はっぷん》」するための秘訣《ひけつ》とは

里村　佐藤先生は、生前、「志《こころざし》」を言葉に出して言うことを「言志《げんし》」というお言葉で表現されていますが、改めて学問に精進《しょうじん》していくためにも、私は、この「志の立て方」について、お話をお伺《うかが》いしたいと思うのですけれども。

佐藤一斎　「志」なくして学問が成り立つことは、ほとんどないだろうね。

だから、「志を持つことができる」というのも、一つの才能といえば才能ではあるんだけれども、生まれ持っての才能というよりは、やっぱり、何かをきっか

けにして人は「発憤《はっぷん》」するときがある。その「発憤」というところが非常に大事なところだな。

学に志すに発憤するところはある。あんただって、何か発憤するところがなければ、今そこに座《すわ》ってはいないであろう。どうだ?

里村　はい。

佐藤一斎　なあ?　何か発憤するところがあっただろう。

里村　はい。

佐藤一斎　それが大事なんだよ。

里村　まさに生前、佐藤先生も、この発憤の「憤《ふん》」について、その大切さを説かれていました。

佐藤一斎　うん。

斎藤　発憤は志学《しがく》のもと、「憤《ふん》の一字《いちじ》は、是《こ》れ進学《しんがく》の機関《きかん》なり」(『言志録《げんしろく》』第五条)と、バンッと言っておられました。

佐藤一斎　うーん、そうですよ。

里村　ともすると、私たちは日常生活のなかで、そうした「正しい発憤」ということをせずに、「志を持たない。志を忘れてしまう」ということがあります。

そのように、「志を忘れてしまわないための秘訣《ひけつ》」、あるいは、「常に発憤するための秘訣」などがございましたら、お聞かせいただきたいのですが。

佐藤一斎　それは現代的に言えば、生きがいの問題かとは思うが、「なぜ私は、今ここにいるのか」ということを、各人が問わなければいかんわけよ。生きているなかでな、流されちゃ駄目《だめ》なんだ。

「なぜ私は、今ここにいるのか。何のためにいるのか。何を成すためにいるのか。私は、今、この世の中に必要なのか」。やっぱり、これを問わなければ、人間として拠《よ》って立つべきところはないな。

「三食、得るためだけに」というのであれば、それは動物とそう大きくは変わらんでな。動物は一日中、食べ物を探しておるからな。

自分自身を失った人間は、「人間機械説」「快楽説」に向かう

里村　二十世紀から二十一世紀にかけて、「人間は、偶然《ぐうぜん》にこの世に投げ出されたんだ」という考え方（「実存主義哲学《てつがく》」）が出てきましたが。

佐藤一斎　その思想は、本当に堕落《だらく》した思想だな。つまらない思想で、本当に毒されているね。

要するに、人間のこの世での利便性のために、いろいろなものがつくられていったんだけれども、そちらのもののほうに、今度は逆に、人間が引きずり回されて、振《ふ》り回されている状況《じょうきょう》がある。人間が自分自身を失って、「自分は、たまたまこの世に投げ出されて、どうしたらいいのか分からない」というような感じになっている。

そういう人間に〝目が開《ひら》けた〟として、見えるものは何かと言うと、「いかにしてこの世を生きやすくするか」ということになるし、向かうところは、「人間機械説」から「快楽説」に向かうであろうな。

なぜ、日本の「大学」や「病院」は駄目《だめ》になってきたのか

里村　現代は、文部科学省、教育界、そして大学の全部が、まさに今、佐藤先生がおっしゃった、「人間は、この世だけのものである」という考え方にほぼ準じています。

佐藤一斎　ああ、もう大学は駄目《だめ》だ。今は、もう日本の大学は駄目だな。外国も危ないと思うが、ほとんど駄目だろうとは思う。

（日本の大学は）福沢諭吉《ふくざわゆきち》さんあたりが入れた「実用の学」の延長上にあるわ

けで、当時はよかったものもあろうとは思うんだがね。実用の学は、蘭学塾《らんがくじゅく》から英語塾へと移って、海外から入ったけども、「心は学ばずに、技術だけを手に入れよう」という「和魂洋才《わこんようさい》」だな。和魂洋才の運動が起きて、和魂のほうは、日本神道《しんとう》や仏教、儒教《じゅきょう》から学んでいて、洋才のほうは、そうした技術のところを学ぶ。

そういう具体的に役に立つところだけを学ぼうとしていたのが、だんだん、そちらのほうが主体になってきて、今度は、それが人間を振り回すようになってきた。そして、そちらから考えなければ、人間とは何かが分からなくなってきた。病院なんかも、ほとんどそうで、「人間機械論」だわな。ほとんど、機械的にのみ分析《ぶんせき》しておるわな。

だから、この世が便利になるということも、ときには不便なことだなあ。本当に、君たちを見ていて、かわいそうになることが多いな。

あるべき「中心軸《じく》」がない日本の大学

里村　日本の大学は、もう駄目だと……。

佐藤一斎　駄目だ。もう九十数パーセント駄目だね。

里村　それは、どうしてでしょうか。

佐藤一斎　だからね、「中心軸《じく》がない」んだよ。

里村　「中心軸」ですか。

佐藤一斎　「中心軸」がないんだよ。ほとんど駄目だね。行く必要はないね。意味はないわね。

里村　それでは、あるべき中心軸とは何でございましょうか。

佐藤一斎　だから、（今の大学が）教えているものが「学問」じゃないんだよ。

里村　ああ……。

佐藤一斎　もうすでに学問じゃなくなっているんで。

里村　そうすると、今の日本の大学で教えられているものは何なのですか？

佐藤一斎　せいぜい、よく言って、「手に職をつけるための職人技術」は教えているかもしれないね。特に理系はそうだけどもね。

文系にいたっては、もはや「ガラクタの山」だね。ガラクタ的な思想しかほとんど扱《あつか》っていないので。「役に立たないことに時間を費《つい》やして、試験をやって採点する。そして、いい成績を取った者が偉《えら》くなる」みたいなことをやっている。

しかし、偉くなるには、やっぱり「人間学」をやって、その「心の練《ね》り上げ方」を見るべきだ。それが優《すぐ》れたる者が人の上に立つ社会でなければならんわけよ。文系の中心はそこでなければいけない。

斎藤　「心を練り上げた人が、人の上に立つ世の中をつくっていく」ということですね。

佐藤一斎　そう、そう、そう。だから、学ぶ内容もそういうものでなければならないだろうけれども、学ぶ内容のほうは、そうしたエセ科学のようなもので。「社会科学」「人文科学」といって、エセ科学的な文系の学問もやって、そういう方法論と技術だけをやって、情報を智慧《ちえ》と思ったような人がいっぱい教えておるからね。だから、ここを通って賢《かしこ》くなることは、ほとんどあるまいて。

「アメリカの民主主義は〝犬畜生《いぬちくしょう》の自由〟と同じ」

斎藤　一斎先生が四十年の長きにわたって、『言志四録《げんししろく》』シリーズを著《あらわ》されたときに、聖人《せいじん》のたとえをよく出されました。「聖人も自分も同じ人間ではないか。志を抱《いだ》いて努力をすれば、聖人に向かっていけるのだ」というような趣旨《しゅし》のお言葉が遺《のこ》されています。「聖人の理想」についても繰《く》り返し言っておられるところがございますが、やはり、そういう聖人になっていくことが、一つの指針になるのでしょうか。

佐藤一斎　うん、一つの目標だな。

アメリカの民主主義なんかも、おそらくは、「人間は手段ではなくて目的だ」と。「人間が人間らしく生きられることが人生の目的であって、その目的に奉仕《ほうし》するために政治がある。あるいは、経済がある」というふうに考えるのは民主主義だな。

しかしなあ、「人間がこの世の生業《なりわい》を立てて、奴隷《どれい》的拘束《こうそく》を受けることもなく生きることができれば、それで人生の目標が達成された」と思うなら、それは犬《いぬ》畜生《ちくしょう》と変わらん人生だよ、ほとんどな。

斎藤　えっ、犬畜生と同じぐらいの人生ですか!?

佐藤一斎　うん。アメリカの民主主義というのは、〝犬畜生の自由〟だよ。それ以上のものはない。

斎藤　（苦笑）言葉が、けっこうきついのですが。

里村　では、あるべき民主主義とは……。

佐藤一斎　だから、「聖人をつくる思想」がなければ駄目なんですよ。

里村　聖人をつくる思想ですね。

佐藤一斎　そう。

現代における「聖人像《せいじんぞう》」とは

斎藤　では、現代における「聖人像《せいじんぞう》」というのは、どのような方向で考えればよろしいのでしょうか。

佐藤一斎　だから、君らはもう目が曇《くも》っていて見えないからさ、駄目なんだよ。

昔はね、人と人が会っただけでね、一発で人物の大きさや重さ、学徳《がくとく》、見識、こういうものが見えたものさ。「刀を抜《ぬ》くまでもない」というところでね。

斎藤　見た瞬間《しゅんかん》に分かるということですか。

佐藤一斎　うん。「人物の重さ」は分かった。今は分からんだろう？　みんな似たような格好をして。

斎藤　はい、分かりません。

佐藤一斎　ラフな格好をしたり、スーツを着たりしても分からんだろう？

斎藤　はい。名刺《めいし》を交換《こうかん》しても分かりません。

佐藤一斎　会社の肩書《かたがき》か、学歴ぐらいしか判断する材料はないんだろうけれども。

里村　私は、先生がおっしゃった、「発憤して志を立てる」ということが本当に大切だと思いました。ところが、人生観が間違《まちが》っていると、そこに行きません。非常に納得《なっとく》がいきました。

佐藤一斎　だからさ、学校にもろくに行ってないのは……、アメリカであればリンカンか？　ある意味では、私の同時代人として重なっているかもしらんけれども。それが今、アメリカには神様がいないから、大仏さんの代わりにリンカン像をつくって祀《まつ》っとるんだろう？　それが歴代大統領で最も尊敬されている一人だろう？

ああいう丸太小屋から出て、『聖書《せいしょ》』と『六法』だけを手にして上がってきて、耳学問もし、世間《せけん》に揉《も》まれて知恵《ちえ》を身につけ、偉大な大統領になった。選挙には何度も落ちながら、偉大になっていったんだろう？

それはね、「心を練り上げる」ということでは、そうとうな苦労をされた方であろうけれども、そのなかに、「自分自身をつくり上げていく」という美徳があったわな。

そのへんのところが、なかなか基準化できないんだろうけれどもね。

だけど、今のアメリカも間違ってるな。ほとんど「大学の格」とか、「Aの数」とか、そういうもので人を決めて就職先を決めている。会社のランクと年収、地位で決まっていく。相手も決まって、まあ……、車の値段とか、そんなもので変わっていくんだろうけれども、何かが違っているわな。

佐藤一斎が霊界から贈る「新・言志四録」⑦

「志《こころざし》」なくして学問が成り立つことは、ほとんどないだろうね。何かをきっかけにして人は「発憤《はっぷん》」するときがある。その「発憤」というところが非常に大事なところだな。

佐藤一斎が霊界から贈る「新・言志四録」⑧

「なぜ私は、今ここにいるのか。何のためにいるのか。何を成すためにいるのか。私は、今、この世の中に必要なのか」。これを問わなければ、人間として拠《よ》って立つべきところはない。

佐藤一斎が霊界から贈る「新・言志四録」⑨

今は、もう日本の大学は駄目《だめ》だな。「中心軸《じく》」がないんだよ。教えているものが「学問」じゃないんだよ。

佐藤一斎が霊界から贈る「新・言志四録」⑩

「人間がこの世の生業《なりわい》を立てて、奴隷《どれい》的拘束《こうそく》を受けることもなく生きることができれば、それで人生の目標が達成された」と思うなら、アメリカの民主主義というのは、〝犬畜生《いぬちくしょう》の自由〟だよ。それ以上のものはない。

6　佐藤一斎が語る「人材の条件」とは

優《すぐ》れたる教師に求められる才能

里村　ぜひ、私がもう一つお伺《うかが》いしたいのは、自分を練《ね》り上げると同時に「人を育てる」という部分です。

一斎先生は、佐久間象山《さくましょうざん》先生や横井小楠《よこいしょうなん》先生をはじめ、たくさんの人材を育てられました。私たちが人を育てる上で心掛《こころが》けることやポイントがございましたら、お教えいただきたいと思います。

佐藤一斎　人には違《ちが》いがあるからね。同じようにはならない、基本的にはね。同じようにはならないけれども、平凡《へいぼん》な教師は、自分に似ている人間だけを評価する傾向《けいこう》があって、自分に似ていない者は排斥《はいせき》する。これは「平凡な教師」だし、「好き嫌《きら》いのある教師」だな。

「優《すぐ》れたる教師」は、自分のコピーのような人間ばかりを喜ぶわけではなくて、それぞれの者のなかにあるところの「逸材性《いつざいせい》」というものを見抜《みぬ》いていく。

やはり、そういうことが大事で、「経世済民《けいせいさいみん》の才がある」という人には財政再建への道があるし、「この人には政治の才能がある。斡旋《あっせん》し、人々を集める力、あるいは演説の才がある」とか、「この人には、ものを繰《く》り返し読んで覚えていく力が非常にある」とか、いろいろな才能があるが、「それぞれ違った才能なんだけれども、それがどのくらいのレベルまで来ているか」ということを横一線で見ることができる才能が、求められる教師像だな。

別な言葉で言えば、あなたがたが使う、「長所に光を当てる」という言葉になるのかもしらんがな。

佐藤一斎が愛した佐久間象山《さくましょうざん》の長所

里村　先ほど、一斎先生の多くのお弟子《でし》様の名前を挙《あ》げました。佐久間象山《さくましょうざん》先生、あるいは横井小楠《よこいしょうなん》先生という巨大《きょだい》な方もいらっしゃいますけれども、一斎先生からご覧になって、そういう方々の長所がお見えになったわけですか。

佐藤一斎　うん、まあね。それは、そういうことにはなるわな。

斎藤　佐久間象山先生は、どのような長所をお持ちだったのですか。

佐藤一斎　うーん……、まあ、「天下の大ボラ吹《ふ》き」だな。

里村　ええっ!?（笑）

斎藤　天下の大ボラ吹き？（苦笑）なぜ、それが長所なのですか。

佐藤一斎　長所だろうね。あの程度の勉強で、（自分を）「日本のナポレオンだ」と豪語《ごうご》するっていうのは、普通《ふつう》の人にはできんわな（会場笑）。

里村　（笑）

斎藤　その突《つ》き抜けた自己認識が……（笑）。

佐藤一斎　「突き抜けた自己評価」が優れてるわな。

里村　ただ、特に儒教《じゅきょう》という枠《わく》のなかで考えますと、私のイメージでは、そういう人間を矯《た》める、つまり直そうとします。しかし、一斎先生はそれを愛されたわけですか。

佐藤一斎　〝面白《おもしろ》い〟わなあ。

斎藤　しかし、「儒教」というと、先ほど述べたように、剪定《せんてい》、つまり、チョキチョキチョキチョキチョキと切って均一化するという感じがいたしますが。

佐藤一斎　それは考えの間違いだな。あなたは、『論語』とかを十分に読んでいないから、そういうことになるわな。

孔子《こうし》が子路《しろ》と会話してるところを勉強されたらよいな。子路が、「自分は突き刺《さ》さる竹のような鋭《するど》さを持っている。学問なんか要《い》らない。勇気さえあれば何でもできる」というようなことを言った。それに対し、孔子は、「その竹に鏃《やじり》を付け、羽根《はね》を付けて弓で飛ばしたら、どれほど遠くまで飛んで貫《つらぬ》くことができるか、おまえは知っておるか。それが学問なのだ」というようなことを言っておるな。

里村　はあ……。それが本当の儒教の精神、「仁《じん》」なのですね。

佐藤一斎　だから、儒教が全部そのまま〝剪定する〟とだけ考えてはいけないね。そうではなくて、生《なま》の竹、細《ほそ》い竹だけでは役に立たないものを、違・っ・た・も・の・に・仕上げていく。（儒教には）そういうところはあるのでね。

学問の本質に届いていない大学からは〝奴隷《どれい》〟が生まれる

里村　私どもは幸福の科学グループとして、教育事業を行っております。真なる意味でのエリートを輩出《はいしゅつ》していくという理想を掲《かか》げておりますけれども、先生から、真なるエリートを育てる教育等について、何かアドバイスがございましたら、お願いいたします。

佐藤一斎　何かつくっておるようだがな。ピラミッドじゃなくてもよかったんだがな（注。幸福の科学が二〇一五年四月に開学した「日本発の本格私学」である「ハッピー・サイエンス・ユニバーシティ〔ＨＳＵ〕」には、ピラミッド型礼拝堂《らいはいどう》が建立《こんりゅう》されている）。

斎藤　ピラミッド……（笑）。

佐藤一斎　アハハッ（笑）。大仏でもよかったんだがな。

里村　なるほど。

佐藤一斎　君らの思想から見りゃあな、中心に大仏でもよかったんだが（笑）。大仏のほうが日本的でよかったかもしらんが、ピラミッドでもいいけどね。

今は受験期だから、いろいろな学校を受けてる人もいるだろう。もちろん、経済力で授業料が高いとか安いとか、家に近いとか遠いとか、就職にいいとか、尊敬されているとか、いろいろな選択《せんたく》の基準もあるようだけど、ほかの大学と君たちがつくった「大学」（ＨＳＵ）とを比べて迷うような人は、だいたい「平凡人」だよ。凡人ですわ。東大に受かろうと京大に受かろうと、「凡人」です。ただの凡人なので、さっき言った〝奴隷《どれい》階級〟に属する人だと思いますな。

里村　ああ……。

佐藤一斎　だから、東大を出ても〝奴隷〟はいるんだよ。京大を出てもな。それはね、「使われる側の人間になる」ということだよ。私が言っている学問の本質に届いていないというか、感じていなくて、「締《し》め切りまでに、これだけ仕上げれば、それで終わりだ」と思っている人たちの思考だな。

実は、そういう「入試」なるものは、まず私なんかのところであれば、それは入塾《にゅうじゅく》試験にしかすぎないわけであって。

入って、門弟《もんてい》三千とか六千とか言われても、そのなかで、やはり学徳《がくとく》を磨《みが》き合って、次第《しだい》しだいに揉《も》まれて上がってくる。塾頭まで上がってくるわな。
そういうふうに、それから勉強して自分を鍛《きた》えていくための、それは入り口であって、その入り口のところでもう出来上がったように思っている人たちは、残念だが「それまでの人間」としか言いようがない。

里村　うーん。

佐藤一斎　そういう人たちは、「○○大学卒」というブランドを提《さ》げて生きていけば、それで満足なんであろうけどね。あるいは、「○○という大会社、有名会社に入った」と。
しかし、そんなところに入っても、あの世に還《かえ》って百年もたったら、その会社はなくなっている。ほぼなくなってるだろうから、つまらないことだな。

受験秀才にも「人材」とは言えない人が多い

斎藤　今、門弟の方々のお名前が、質問者の里村のほうから、いろいろと挙《あ》がりました。そして、佐久間象山さんのお名前も出て、ＨＳＵに話題が飛んだわけです。

佐藤一斎　うーん。

斎藤　そのように、いろいろな方々がいらっしゃったと思いますが、〝奴隷〟に属さず、何か突破《とっぱ》しようとした若者たち、あるいは壮年《そうねん》の方たちが、当時、佐藤一斎先生の下《もと》に集まってきました。

佐藤一斎先生から見て、そうした一群の人たち、「学を求め、学徳を求め、世を変えんとし、聖人《せいじん》を目指し、そして、なぜ生を享《う》けたのかを知ることを求めて集まってきた人物たち」の特徴《とくちょう》というのは、どのようなものだったんでしょうか。

佐藤一斎　それはね、現代の言葉を多少使うがね、マネジメントを必要とするような人間は駄目《だめ》だよ、基本的に。マネジメントがなければ働けないような人間は基本的に駄目。別な言葉で言えば、「指示待《しじま》ち族」、指示がなければ動けない人間は、基本的に問題外ということだな。

斎藤　問題外ですか。

佐藤一斎　学問というのは自分でやるものだし、仕事も自分で高めていくものだわね。それができないような人ってのは、そもそも問題外であって、残念ながら、曲がった矢みたいなもので、飛ばないな。

里村　それは、言葉を換《か》えると、「こういう勉強をしろ」とか、「こういうルールで生きよ」とか、人から与《あた》えられないとできない人では駄目だということですね。

佐藤一斎　常に管理していなきゃいけないような人は、いっぱいいるでしょう？　受験の秀才《しゅうさい》といったって、常に管理してなきゃいけないような人が、いっぱいいる。

里村　むしろ管理されることに慣れている人のほうが、現代人から見たら、優秀《ゆうしゅう》とされる場合があります。

佐藤一斎　うん、そうかもしれないね。
で、そういう人たちは、今度、大学に入って、「自由に勉強していい」と言われて、何をしていいのか分からない。塾もないとかね、そういうところもある。また、卒業して会社に入ったら、そこで何をしたらいいか分からない。上司から指示をもらわないと動けない。
こういう人は、あなたがたの周りには、たぶんいっぱいいるのだろうと思われるけれども、残念だけども、こういう人は、「人材」ではない。

里村　はい。

佐藤一斎　だから、「人材」というのは、やはり自《みずか》ら学ぶべきものを求め、自ら働きがいのある仕事とは何かを求めて、進んでいく者。それが「人材」だな。

斎藤　「指示待ち族」ではない人ということですね。

「どこかで発憤《はっぷん》するところがなければ、人材にはならない」

原口　例えば、中高生ですと、これから勉強の習慣を身につけなくてはいけなかったりとか、親御《おやご》さんから「勉強しなさい」と言われて勉強したりとか、まだ、そういうことがあると思うんです。しかし、佐藤一斎先生としては、「自分から勉強をしようと思って、発憤《はっぷん》できるような人でなければ、一流とは言えない」ということなんでしょうか。

佐藤一斎　年齢《ねんれい》によってはね、そこまで行ってないことはあるだろうから、小さいうちに家庭環境《かんきょう》を得て、そういう機会を与えられることはあるとは思うけれども。どこかで物心《ものごころ》ついて以降、やっぱり発憤するときがなければ、人材にはならないね、残念ながらね。

だから、親の言うとおりの学校へ行き、親の言うとおりに塾に通って、親がつくった計画どおりにやって、ただ出ていった。それで人材にはならないね。どこかで発憤しなければいけない。

だから、最初のきっかけはね、いろいろなかたちであろうけれども、嫌々《いやいや》やっている勉強など、これほど無駄なものはないね。お金があるところは、必ず勉強させるとは思うけれども、嫌々やっても身につくもんじゃないわね。それはね、貧乏《びんぼう》でも何とかして勉強していった人には、とうてい勝てないね。

里村　今の先生のお話をお伺いしていると、中村正直《なかむらまさなお》先生とか、そういう「セルフ・ヘルプの精神」を日本に広めた方が、先生の門下から出てこられたのが非常によく理解できます。

佐藤一斎　そうだね。だから、まだ学校の先生といっても、毎年毎年同じことを言い続けているような先生が、ほとんどであろう？（笑）

授業としては、その学年相応《そうおう》に教えることとかもあるし、大学においても、毎年同じような授業をしないと、単位認定が狂《くる》うといけないからということで、同じ授業を繰り返しやっているところもあるだろうけれども。

ただ、仕事としてはそういう面もあるかもしれないけれども、それを超《こ》えて、自分自身の学問の発展を目指してやってる人に教わってる人と、そうでない人との違いは、明らかに出てくるであろうな。

例えば、英語ということであれば、中学三年生と高校三年生じゃ、教わることは違うかもしれないね。でも、教科書や問題集など、そういうものは同じように教わったとしても、その教える英語の先生が、自分自身の教養や、さらなる人格の発展のために学んでいるという姿勢を持っていたら、そういう人から教わった人は、やはり違いは出るだろうな。

斎藤　佐藤一斎先生は、門下生に対して、「これは駄目だな。叱《しか》りたいな」と思って、バーンと強く叱ったような経験も何回かはあると思いますけれども、それは、どういうタイプの生徒だったのでしょうか。今のお話にあったような、「自主性」に関して、完全に他人《ひと》に委《ゆだ》ねてしまって自発性が何もない者を叱ったのか。どんなときに叱ったんでしょうか。

佐藤一斎　（手元の資料を見ながら）いや、「温厚篤実《おんこうとくじつ》な性格で」って書いてあるじゃない。

斎藤　（笑）いや、そうではあるんですけれども……。

佐藤一斎　ええっ？　言葉に嘘《うそ》があってはいけないから。温厚篤実だから。

斎藤　いえいえ。先ほどのスマホについてのお話は、けっこう厳しかったです（笑）。

佐藤一斎　ハハハ（笑）。温厚篤実だから、そういうことはあんまりありませんがね。

か。

斎藤　やはりあれですか。セルフ・ヘルプの精神ではないところについては、「ここは、君！」というかたちで、意外と突っ込《こ》んでいったりされたんでしょうか。

佐藤一斎　いや、まあね、「この世的に賢《かしこ》い」と思うのは、それはねえ、陽明学《ようめいがく》が入っても、自分でそれを適度に調整しながら、よく生き渡《わた》っていく人は〝上手《じょうず》〟だとは思うがね。

ただ、吉田松陰《よしだしょういん》型で、自分の身を滅《ほろ》ぼして後世《こうせい》に遺《のこ》そうとする人は、かなり激しい宗教家的性格なんだろうと思うが、「この世的には涙《なみだ》をそそる」がな。

この世的な評価では、もっと賢く生きている人がいっぱいいるのだとは思うんだけど、この世的に賢く生きた人たちは「名は遺らない」わね。それが問題だわね。

平凡《へいぼん》な教師は、自分に似ている人間だけを評価する傾向《けいこう》があって、自分に似ていない者は排斥《はいせき》する。「優《すぐ》れたる教師」は、それぞれの者のなかにあるところの「逸材性《いつざいせい》」というものを見抜《みぬ》いていく。

佐藤一斎が霊界から贈る「新・言志四録」⑫

学問というのは自分でやるものだし、仕事も自分で高めていくものだわね。それができないような人ってのは、そもそも問題外であって、残念ながら、曲がった矢みたいなもので、飛ばないな。

佐藤一斎が霊界から贈る「新・言志四録」⑬

自《みずか》ら学ぶべきものを求め、自ら働きがいのある仕事とは何かを求めて、進んでいく者。それが「人材」だな。

7　日本の「政治・マスコミ・外交」をどう見るか

現代日本の政治をどう見ているか

里村　本当に、「人を育てる」という話も尽《つ》きないんですけれども、ちょっと話を進めさせていただきたいと思います。

今までのお話は、個人の心が中心だったんですが、佐藤一斎先生の『言志四録《げんししろく》』のなかにもあった言葉ですけれども、「他の国から蔑《さげす》まれるような国になってはいけない」という言葉も遺《のこ》されております。

佐藤一斎　うーん。

里村　そういう立場から、現代日本をどのように見られているのか、ぜひ、お聞かせいただきたいと思います。

佐藤一斎　私が国際政治等の話までするのは、分《ぶん》を過ぎてるかもしれないけれども。

里村　いえいえ。

佐藤一斎　うーん、中国が今、拡張主義に走ってはおるんだろうと思うし、アメリカという国が、はっきり言えば、今、押《お》され気味になりつつあるのかな。そういう意味では、中国を増長させているということであろうと思うけれども。

やはりね、日本という一国が立ち、民族として生きており、三千年の歴史を持っている国であるならばね、たとえ中国から孔子《こうし》を大将にし、孟子《もうし》を副将にして攻《せ》めてきたとしても、これを打ち破るぐらいの気概《きがい》がなければ駄目《だめ》だね。

里村　先生にして、孔子を〝大将〟に、孟子を〝副将〟としても……。

佐藤一斎　いやあ、孔子を〝真っ二つに斬《き》る〟ぐらいの気概はなきゃ駄目です。

里村　それは、逆に言うと、今の日本の政府、政治家に気概がないということでしょうか。

佐藤一斎　ない。ない。保身中心に生きとるからな。

里村　もう少し具体的に、現在の安倍《あべ》総理であるとか、政治を預かっている与党《よとう》自民党などに、何かご意見があればお聞かせいただきたいんですが。

佐藤一斎　もはや語る言葉がないねえ。〝奴隷《どれい》の民主主義〟を学びすぎてるんじゃないか。というか、政治家がサラリーマン化したと言うべきかな。

斎藤　政治家のサラリーマン化ですか。

佐藤一斎　だから、身分を維持《いじ》することを、まずサラリーマンは考えるでなあ。政治家も身分の維持だけを考えておるわな。

里村　なるほど。

佐藤一斎　そのへんが、明らかに出てるんじゃないかね。

マスコミが流す大量の情報は役に立っているのか

里村　現代において、政治家がそのように保身に走りがちな理由の一つに、マスコミというものの存在がございます。先生は、これをどのように見られますでしょうか。

佐藤一斎　まあ、野盗《やとう》・追剝《おいはぎ》の類《たぐい》だな。

里村　もう少し具体的に教えていただけますでしょうか。

佐藤一斎　だから、武士であろうと、夜道を通ってて、金目《かねめ》のものを持っていそうであったら、襲《おそ》いかかってくるんだよ。

里村　「民主主義の社会において、そういう存在は必要悪というか、必要なものである。権力監視《かんし》のためにマスコミは必要である」という考え方もありますけども。

佐藤一斎　一定のレベルまでだな。「落ち武者狩《むしゃが》り」までは、マスコミの権限内かもしれないが。落ち武者ではなくて、まだ「正々堂々の武士」を張っている者を攻撃《こうげき》するなら、（マスコミにも）それなりの「精神性」を持っていなければいけないんではないかな。

里村　そうしたマスコミが野盗・追剝をやるなかで、今、国際情勢は大きく動いています。今年に入りまして、北朝鮮《きたちょうせん》という国が「水爆《すいばく》実験」をし、長距離《ちょうきょり》弾道《だんどう》ミサイルを発射しました。また、中国という国も、南シナ海で、「軍事的なものではない」と言いながら、事実上、ミサイルの配備を始めたことが、昨日《きのう》あたりの報道で明らかになっています。

　こうした部分について、ぜひ先生の鋭《するど》いご意見をお聞かせいただきたいのです。

佐藤一斎　君らが先ほどから、情報の重要さをあれほど強調しておったのに、情報なるものは何にも役に立ってないんじゃないか。

斎藤　なるほど。

『北朝鮮・金正恩はなぜ「水爆実験」をしたのか──緊急守護霊インタビュー──』
（幸福の科学出版刊）

佐藤一斎　そんな情報をみんな得ておいて、それに対して何にも反応がないんだろ？

斎藤　テレビ、新聞、週刊誌、インターネットと、毎日、たいへん大量な情報が流れておりますけれども。

佐藤一斎　ええ。〝麻痺《まひ》〟しているので。そういうものを知っていたら、それで間に合ってて、対応ができてると思っているんだ。実は、「知っている」だけじゃ、何の対応もできていない。

斎藤　確かに、国防の備《そな》えというものが実際にはできていないという点では、大量の情報の前には無力であります。

佐藤一斎 「大量の情報の前には、智慧《ちえ》をすくい取ることが非常に難しいんだ」ということを、余計《よけい》に知らなければいけない。

その大量の情報を読んでもよいがな。そういうもので自分が智慧をくらまされるぐらいなら、佐藤一斎の『言志四録』でも読んでるほうが、よっぽど賢《かしこ》い人間が出来上がってくるんです。

里村 確かに、佐藤一斎先生は、「話を聞いて、そのなかで選択《せんたく》する。選び取る」ということが大事であるとおっしゃっています。

佐藤一斎 そう、そう。

で、『言志四録』はな、スマホを引いてもね、全文は出てこないよ（笑）。要約ぐらいは出るかもしらんがな。

斎藤　はい、大著《たいちょ》であります。

佐藤一斎　うーん。出せないよ。

国を導くリーダーに求められるもの

斎藤　先日（二〇一六年二月十五日）、東京の品川で、「世界を導く力」と題し、大川隆法総裁先生の講演会がありました。その際、八名の方が講演会の指導霊《しどうれい》として名乗りを上げてきて、さらにプラスワンということで、佐藤一斎先生のお名前も挙《あ》がっていました。

佐藤一斎先生は、「世界を導く力」というテーマで、何をお伝えになりたかったのでしょうか。もし、よろしければ、その思いの一端《いったん》なりともをお聞かせいただけるとありがたく存じます。

佐藤一斎　やっぱり、学問は何のためにするかといえば、それは「リーダーになるため」です。

では、リーダーは何のためにあるのか。それは、国を正しく導いて、人々に正しい生き方、そして幸福な生き方をしてもらうためにリーダーは存在する。

その国のリーダーたる者が、嘘偽《うそいつわ》りを述べたり、自分の保身のためにごまかしたり、都合の悪い情報は、それこそ隠《かく》して過ぎ越《こ》そうとしたりする。それで、ただただ自分の身の安泰《あんたい》と、給料の安定だけを考えるような世の中になったら、おしまいだわね。

さらに、儒教《じゅきょう》の国であるはずの中国や、あるいは北朝鮮あたりもいちおう、そういうことにはなっているんだけども、そうした儒教の国にあって、悪魔《あくま》を崇拝《すうはい》するような儒教になったのでは、これは終わりだな。

儒教は、上下の関係をはっきりさせるけれども、同時に善悪の観念もはっきりしている。「勧善懲悪《かんぜんちょうあく》」っていうことは、はっきりしているので。だから、悪なる者を、長幼《ちょうよう》の序《じょ》で捉《とら》えて、上なる者として仕《つか》えるというような思想ではない。彼らのなかに、「正義を見分ける智慧」がないから、こういうことが起きているので、悪は悪であると断定するだけの智慧が必要である。

その悪を悪として断定する智慧は、今溢《あふ》れている情報ではなくて、学問の、ごく初歩の初歩の部分の、正しい動機からなされた精進《しょうじん》によって生み出されるものであるんだな。

それで見れば、中国のやってること、北朝鮮のやってること等を、どうすべきであるか、はっきりしているわな。

だから、アメリカという大国にあっても、その長《ちょう》にある者が勇気がないために、今、中小国に劣《おと》るような行動を取ってはいるなあ。

日本では安倍氏が、やや蛮勇《ばんゆう》に近いようなことも、ときどきはやるが、学問の中心的な智慧が足りないために、どうしても軽いわな。判断に軽さがあって、ブレているわな。そういうところが弱いね。

過去の日本の戦争行為《こうい》における悪を責められて、七十年たって謝罪し続けているような国家、天皇も総理大臣も謝罪し続けているような国家であっては、それを言っている当の隣国《りんごく》の悪を指摘《してき》し、断罪することもできないであろうよ。それをちゃんと言えないようでは駄目だわな。

だから、今のスマホ世代の日本の若者たちにはね、まるで、韓国《かんこく》や北朝鮮が第二次大戦で日本軍と戦って、勝って独立したかのように思ってる人がいっぱいいるんじゃないかな。「彼らも日本軍だった」ということを知らない人たちが、たくさんいるわね。

里村　なるほど。

北朝鮮《きたちょうせん》の「水爆《すいばく》実験」をどう見るか

佐藤一斎　そして、「アメリカが、広島《ひろしま》・長崎《ながさき》に原爆《げんばく》を落としたことは、正義のためになされたんだ」と言われて、それで受け入れている。だからこそ、世界は核兵器に満ち満ちているわなあ。

これが「人道に対する罪」だとして断罪されていたら、核兵器《かくへいき》は広がらなかったはずだわな。

しかし、「これ（アメリカの原爆投下）が正義だ」ということになったために、正義のために、みんな核兵器を持つようになっていった。

そうした核兵器を持つ国がたくさんできてきたら、持たざる国は、そうだなあ……、鳥の目を持ったものが急降下してくるときに、下にいる蟷螂《とうろう》、カマキリのような存在だわな、うん。カマキリは小さな虫を狙《ねら》って鎌《かま》を上げているけど、上空から狙われているということを、やはり知らねばならんだろうな。そんな感じだな。

だから、北朝鮮《きたちょうせん》ごときが、「水爆実験をした」とか、「長距離弾道ミサイルの発射実験をした」とか、堂々とテレビで放送し、世界に伝えて、アメリカと互角《ごかく》に交渉《こうしょう》しようとしている。

私であれば、もう、一週間以内に攻撃を開始しています。

里村　ほお……。

佐藤一斎　当たり前です！　私がアメリカの大統領であればね。日本の首相ではそれができないかもしれませんが、少なくとも、武士としての何らかの示しはつける。百人以上の日本人を拉致《らち》して、それで返さない。そして、そういうことを非難すれば、返すための会議も解散するというようなことを言う。こういうねえ、もう、「野盗《やとう》の巣《す》」みたいな国家は、許しては駄目なんであって、言葉で戦うとしてもね、少なくともこれが「正義に反する悪である」ということを、「悪魔の帝国《ていこく》」……、「帝国」とも言えないね、「悪魔の国」であるということをはっきりと認識しなければ駄目で、国民にそれを教える必要がある。あんまりにも弱すぎるわな。

里村　いやあ、今の話もすごく熱いですね。本当に感動しました。

佐藤一斎が霊界から贈る「新・言志四録」⑭

日本という一国が立ち、民族として生きており、三千年の歴史を持っている国であるならば、たとえ中国から孔子《こうし》を大将にし、孟子《もうし》を副将にして攻《せ》めてきたとしても、これを打ち破るぐらいの気概《きがい》がなければ駄目《だめ》だね。

佐藤一斎が霊界から贈る「新・言志四録」⑮

学問は何のためにするかといえば、それは「リーダーになるため」です。では、リーダーは何のためにあるのか。それは、国を正しく導いて、人々に正しい生き方、そして幸福な生き方をしてもらうためにリーダーは存在する。

佐藤一斎が霊界から贈る「新・言志四録」⑯

過去の日本の戦争行為《こうい》における悪を責められて、七十年たって謝罪し続けているような国家、天皇も総理大臣も謝罪し続けているような国家であっては、それを言っている当の隣国《りんごく》の悪を指摘《してき》し、断罪することもできないであろうよ。

佐藤一斎が霊界から贈る「新・言志四録」⑰

北朝鮮《きたちょうせん》ごときが、「水爆実験をした」とか、「長距離弾道《だんどう》ミサイルの発射実験をした」とか、堂々とテレビで放送し、世界に伝えて、アメリカと互角《ごかく》に交渉《こうしょう》しようとしている。

私であれば、もう、一週間以内に攻撃を開始しています。

8　大儒者《だいじゅしゃ》・佐藤一斎の「偉大《いだい》なる過去世《かこぜ》」

佐藤一斎の過去世《かこぜ》は「湯島聖堂《ゆしませいどう》に関係する人」？

里村　時間もだんだん迫《せま》ってまいりました。

今、佐藤一斎先生は、私どもが霊界《れいかい》と呼んでいる世界のなかでも、日本の高天《たかま》原《がはら》的な場所にいらっしゃるかと思います。

先ほど、「フェイスブック」など、ああいう、現代のことについてもかなり詳《くわ》しいと思われる言葉がポンと出てきたように、日ごろからいろいろな方と非常にハイレベルな議論をされている感じがいたしました。

普段《ふだん》、先生はどういった方々と議論したり、共に学び合ったりしていらっしゃるんでしょうか。

佐藤一斎　アッハッハッハッハ。うーん……、ハッハッハッハッハ。君たちはそんなことが知りたいのか。

里村　いえ、要するに、「人間は学徳《がくとく》を積んだらどうなるのか。心を練《ね》ったらどうなっていくのか」といった一つひとつの到達点《とうたつ》を知ることが、これからの者にとっては、ある意味での励《はげ》みにもなりますので、ぜひお教えいただければと。

佐藤一斎　うーん……、湯島《ゆしま》の……。

里村　はい？

斎藤　湯島のほうの関係ですか。

佐藤一斎　うーん。

里村　やっぱり、あれですか？　あの地には孔子《こうし》像もありますが……。

佐藤一斎　うーん……。

斎藤　こ、こ、こう、孔子様、です……、か……。

佐藤一斎　さあな。湯島の〝天神《てんじん》さん〟かな？

里村　湯島天神は菅原道真《すがわらのみちざね》……。

佐藤一斎　いやいや（笑）。

斎藤　違《ちが》いましたか。

佐藤一斎　いやいや。「聖堂《せいどう》」のほうだ。うーん。

里村　やはり、湯島聖堂ですよね。

佐藤一斎　うーん。

里村　としたら、やはり……。孔子様で……。

佐藤一斎　さあな。

斎藤　こ、こ、こ（笑）。先ほど、「孔子も分かっとらん」っていうことで、こう、あのー……。

佐藤一斎　いやあ、孔子だって、〝ぶった斬《ぎ》らなければいけない〟ですよ。

斎藤　へっ？

佐藤一斎　孔子だって間違ってたら、ぶった斬らなければいけません。うん。

斎藤　それは、もう本当に、「仏に逢《お》うては仏を殺し……」（『臨済録《りんざいろく》』）という、禅のあの世界ですけれども……。

里村　ああ、そうか。だから、政治についてもやはり……。つまり、過去世《かこぜ》が孔子様でいらっしゃると？

斎藤　孔子様の分霊《ぶんれい》か何かの存在ですか？

佐藤一斎　いや、儒教《じゅきょう》は、そういうことは教えないんだよ。

斎藤　はい。

里村　「怪力乱神《かいりきらんしん》を語らず」ではありますが、ここは儒教を少し離《はな》れまして、そうした学徳の言葉とか、お教えいただいた現代政治に関するご指摘《してき》も、非常により深みが増しますので、ぜひ、先生の言葉でお聞かせいただけますと……。

佐藤一斎　うん。

里村　春秋《しゅんじゅう》戦国時代といわれていた、かつての中国にお生まれになった孔子様が過去世でいらっしゃると？

佐藤一斎　さあ、なあ。それはよう知らんねえ。

孔子（紀元前552～同479年）
儒教の祖。中国古代の春秋時代の思想家で、諸国を巡って、「人間完成の道」と「理想国家論」を説いた。その言行は、弟子の手によって『論語』に記されている（上：湯島聖堂に設置されている孔子像／下：孔子を祀る湯島聖堂の大成殿）。

里村　いやいやいやいや……。

佐藤一斎の霊的《れいてき》秘密に迫《せま》る

斎藤　あのー、あれですか。ちょっと別な角度からになりますが、『言志四録《げんししろく》』のなかに、「人心《じんしん》の霊《れい》は、知あらざるなし。ただこの一知《いっち》、即《すなわ》ち是《こ》れ霊光《れいこう》なり。嵐霧《らんむ》の指南《しなん》というべし」（『言志晩録《ばんろく》』第十二条）という一節があります。

つまり、「人心の霊」ということで、「人間は霊妙《れいみょう》に輝《かがや》く根源的な知性、本来、あの世にあるような光の性質を持っており、それが迷い多き人生を導くのだ」というようなことも述べていますけれども、「学徳」と言いながらも、一方では「霊光」というものについてもおっしゃっています。

佐藤一斎　うーん。うーん。

斎藤　そういう「霊的な感覚」もお持ちだったと拝察《はいさつ》いたしますけれども、かなり「霊的な力」もお持ちだということに……。

佐藤一斎　うーん……。それは……、イエスや仏陀《ぶっだ》だって指導したこともあるさ。

斎藤　イエスや仏陀を指導した!?

佐藤一斎　うーん。

里村　冒頭《ぼうとう》で大川隆法総裁が、「『暗夜《あんや》においては一燈《いっとう》を頼《たよ》りにせよ』（『言志晩録』第十三条）というような教えはキリスト教にも通用するところである」というお話をされましたけれども、それは、要するに、「仏陀やイエス様も指導した」という関係からも……。

佐藤一斎　いやあ、それはね、人間として肉体を持った者として見れば、どういうふうに捉《とら》えるかは知らんがな。

それは、君らの言い方によれば、「器《うつわ》に入ったエネルギー」なんだろうけどな。だから、根源なるエネルギーはもっと大きなものだろう。おそらくはね。

里村　はい。

斎藤　霊エネルギー的な存在としては、大きいと。

佐藤一斎　うん。「明治維新《いしん》の前夜」に教えた人たち（の生まれ変わり）が、今は、もうたくさん出ておるでなあ。非常にな。だから、今、私も陰《かげ》ながら指導しているもんであるからな。

斎藤　ありがとうございます。

佐藤一斎　「エル・カンターレの参謀《さんぼう》」みたいなもんだから。「東洋的な様式」によって革命を起こそうとした明治維新《いしん》

斎藤　幸福の科学とのご縁《えん》ということでは、吉田松陰《よしだしょういん》先生の先生が佐久間象山《さくましょうざん》先生であり、佐久間象山先生の先生が佐藤一斎先生になるのですから、この流れが

一つあります。

また、江戸《えど》時代の儒学者には中江藤樹《なかえとうじゅ》という聖人もおられました。天御中主神《あめのみなかぬしのかみ》様とも非常に深い魂《たましい》の縁をお持ちの方でございます（『日本陽明学の祖　中江藤樹の霊言』〔幸福の科学出版刊〕参照）。

佐藤一斎　うーん。うーん。

斎藤　そして、陽明学《ようめいがく》の祖である王《おう》陽明様も、われらの教団においてはどっしりとした大きな柱でいらっしゃいます（『王陽明・自己革命への道』〔幸福の科学出版刊〕参照）。

『日本陽明学の祖　中江藤樹の霊言』（幸福の科学出版刊）

『佐久間象山　弱腰日本に檄を飛ばす』（幸福実現党刊）

『吉田松陰「現代の教育論・人材論」を語る』（幸福の科学出版刊）

このように、儒教、陽明学というのは、当会としても非常に親和性、連動性があり、かつまた、さまざまに派生《はせい》しているところでございます。

佐藤一斎　うーん。だから、西洋で革命がいっぱい起きていったけどね。「それを東洋的な様式で起こそうとした」ということかな。そういうことではあるんでね。だから、王陽明とか、吉田松陰とか、そういう者とも、それはつながってはいるさ。

里村　いわゆる幕末といわれる江戸後期の時代に、孔子様の魂が降りられ、大きくその準備をされたというのは、これは、やはり、まったく歴史が引っ繰《く》り返されてくると思うんですよね。

佐藤一斎　だから、「孔子」と言っていいかどうかは分からないよ。それは、〝縄《じょう》文《もん》時代人の孔子〟だからね。それは、一緒《いっしょ》じゃないよ。

里村　いえいえ。

佐藤一斎　うーん、やっぱりね、違うよ。だから、別のものだとは思うがなあ。

今、新しい時代を立てるための下準備に入っている

佐藤一斎　ただ、「始まりに中江藤樹を置いて、最後に佐藤一斎を置いた」ということは知っておいたほうがいい。

里村　あっ、そういう神仕組《かみしくみ》み、神の計画ということですか。

佐藤一斎　われわれは「時代をつくる存在」なのでね。どういう時代をつくるか。そういう「革命」……、天の命《めい》が変わって（革《あらた》まって）、新しく時代を立てる。時代が腐敗《ふはい》したと見たら、その時代を壊《こわ》して新しい時代を立てる。そういう仕事をいつもやっておるもんでな。

今も、新しい時代を立てるかどうか。〝幕府〟はもう堕落《だらく》したかどうか。よく見て考えているところだ。その下準備に入っているということだな。

里村　はい。

佐藤一斎　だから、私の教えを受けた者たちが、今、数多く出てきておるようであるから、私の直前の生き方を見りゃあ、もうすぐ何らかの、昔流に言えば「革命」、今は何になるかは分からんけれども、何か「違ったもの」が起きてくるだろうね。うーん。

里村　すでにその「前夜」という時期に来ているということでございますね。

江戸《えど》時代以降、儒教《じゅきょう》の「本家《ほんけ》」は日本に移っている

佐藤一斎　今回は、そうした宗教的な違いを超《こ》えた運動であるからね。だから、イエスも協力しておるし、ねえ？　イエス、仏陀、ムハンマド、モーセ、その他、いろんな者たちも出てきておるが、孔子の動きだけがよく分からないだろう？

里村　ええ。

佐藤一斎　な？

里村　はい。

佐藤一斎　だから、孔子のなかで、「孔子的部分」と、「孔子的でない部分」とが、今は分裂《ぶんれつ》しておってな。「孔子的でない部分」のところは、今、「宇宙の法」にかかっていて……（『「宇宙の法」入門』〔幸福の科学出版刊〕参照）。

斎藤　「宇宙の法」につながってくるんですね。

佐藤一斎　ええ。そちらのほうでも仕事をやっておるが、「孔子的なる部分」として、儒教《じゅきょう》の伝統を背《せ》

『「宇宙の法」入門――宇宙人とUFOの真実――』
（幸福の科学出版刊）

負《お》いながら、いろんな時代を見てきていた力が、日本にも流れているからね。

里村　はい。

佐藤一斎　そして、これは中国や朝鮮《ちょうせん》半島をも改革せねばならんものであるのでね。だから、そういう力が働いているということは事実だな。うん。

里村　はあ……。

佐藤一斎　儒教で言えば、「本家《ほんけ》」は、かつて中国にあり、朝鮮半島にもあったかもしらんけれども、江戸《えど》時代には、日本に移っていたということだな。

孔子、
「怪力乱神」を語る
儒教思想の真意と現代中国への警告
現代知識人を孔子が叱る。
「霊界は当たり前。言うまでもない」
大川隆法
『孔子、「怪力乱神」を語る』
（幸福の科学出版刊）

里村　なるほど。

佐藤一斎　だから、「〝明治〟革命は、西洋の文物《ぶんぶつ》を引用することによって起きた革命だけではなく、東洋の革命でもあったのだ」ということは知らなきゃいけないね。東洋の革命として、実は、儒教の流れのなかの王陽明の学を使いながら、革命を起こしたのだということを知らなきゃいけない。これは、（和洋《わよう》）折衷《せっちゅう》して起きているっていうことだね。

斎藤　明治維新は、「東洋の革命」との折衷なんですね。

〝明治〟革命は、西洋の文物《ぶんぶつ》を引用する
ことによって起きた革命だけではなく、
東洋の革命でもあったのだ。
儒教の流れのなかの王陽明《おうようめい》の学を使いながら、
革命を起こしたのだ。

9 「志《こころざし》を持って、自《みずか》らを磨《みが》き込《こ》め」

徳高き者を北極星となすような世界をつくれ

里村　今、「歴史の書き換《か》え」の必要性を感じておりますけれども、一斎先生から日本への期待というか、「日本にどのような国になってほしいのか」というものがあれば、ぜひお聞かせいただきたいんですが。

佐藤一斎　やはり、徳のある方が衆星《しゅうせい》を集めて「北極星」となすような世界をつくらねばならんわな。北極星は動かず、北極星の周りに星が回転している。ああいうふうにならねばならんな。

だから、徳高き者が中心に立って、その周りにもさまざまな星が回っているような、そういう世の中にせねばならんであろうな。うーん。

里村　そうした、北極星の周りを動く人たち、そうした平凡《へいぼん》な人たちが、学徳《がくとく》を通じ、学習、学問を通じて非凡になっていくと。

佐藤一斎　うん。

「心を練《ね》る」とはいかなることか

里村　今日はもう時間もございませんので、私のほうからは最後の質問になります。

冒頭《ぼうとう》の話のほうに戻《もど》っていきますが、本日、「心を練《ね》る」というタイトルで、いろいろなお話を聞いてまいりました。ここで改めて、「心を練る」とはいかなることなのか、そして、その結果どうなるのかということについて、お言葉を頂きたいと思います。

佐藤一斎　「心を練る」ということはね、「心を磨《みが》いて、光らせ、神仏の領域に入る」ということだよ。

斎藤　神仏の領域に入る。

里村　そして、その心を磨くためには、また「学」のところでは、どういう……。

佐藤一斎　この世、現代のなかに生きて、この世的な三次元に生きやすい考え方や、いろんな道具がたくさんあるであろうけれども、「玩物喪志《がんぶつそうし》」、「おもちゃで遊んでいるうちに、本来の志《こころざし》を失ってはならん」ということを教えなければならない。

だから、いろんなグッズとか、便利なものが多いのであろうけれども、そうした道具を使っているうちに、その機能に快感を覚え、それから、肉体的な生き方に快感を覚えて、それに埋没《まいぼつ》する人が後《あと》を絶たない。

しかし、そういうこの世的なものに溺《おぼ》れて、本来の志を失ったら、人間は、「今回は失敗した人生を生きた」と言わざるをえない。

やはり、吉田松陰《よしだしょういん》や坂本龍馬《さかもとりょうま》のように、思い半《なか》ばで倒《たお》れても、その志が後世《こうせい》にまで遺《のこ》るものでなければならないと思うな。

昔であれば単なる趣味《しゅみ》の世界と思われるようなものが、現代では仕事ということになって、男一生の仕事になったり、女一生の仕事もあるのかもしらんが、なってはおるようだけれども、本来、そんなことであっては相《あい》ならんのではないか。志っていうのはなあ、魂《たましい》を天上界《てんじょうかい》に引き上げるための……、卵で言やあ、「卵の目玉」みたいな存在なんだよ。うーん。

斎藤　志は、天上界に魂を引き上げるための、卵の目玉のようなものなんですか。

佐藤一斎　志が……、志がなかったらねえ、浮上《ふじょう》しないよ、人生はね。

斎藤　はい。

佐藤一斎　それを知ったほうがいい。

里村 「志は朽《く》ちず、志は死なず」ということですね。はい。

佐藤一斎 そういう意味で、「儒教《じゅきょう》を始め、儒教を終わらせた人物」ということだな。

志《こころざし》を持って自《みずか》らを磨《みが》き込《こ》む者に、天は必ず扉《とびら》を開く

原口 最後に、先般《せんぱん》の「世界を導く力」という御法話《ごほうわ》のときに、ご指導霊《しどうれい》のお一人として名乗りを上げられたということもございましたけれども、心を練って、「世界のリーダー」になっていくための心構えや、そのリーダーを育てるための心構えについてお教えいただけたら幸いです。

佐藤一斎 うーん。(原口に)白いスカートは穿《は》かんで、白馬《はくば》にまたがれ。

原口　（笑）

佐藤一斎　うんうん。なあ？　白馬にまたがって、天下を駆《か》け巡《めぐ》ることが大事だなあ。それは、大事だよ。

やはり、真に学徳《がくとく》があれば人は求めるし、求めなくとも仕事はやってくるんだよ。仕事がやってこないということはね、まだ磨《みが》き込《こ》みが足りてないということなんだよ。

志《こころざし》を持ち、自《みずか》らを磨いている者を、世間《せけん》は決して放《ほう》ってはおかない。

里村　はい。

佐藤一斎　だから、君たちも政治に志したりしても、なかなか世間が必要としてくれないのは、まだ、志とその磨き込みに足りざるものがあるんだ。その準備が整《ととの》ったときに、天は扉《とびら》を必ず開く。そういうことを信じることが大事である。

里村　はい。ありがとうございます。

佐藤一斎　（原口に）あなたに関して言えば、女性だからといって、それがどうだというのだ。そんなことを考えている余裕《よゆう》などはないのだよ。「男も女もない」のだよ。なあ？　だから、やるべきことをやる。それが大事なことだ。

原口　ありがとうございます。

里村　本日は、志を持って、たゆまず精進《しょうじん》していくことの大切さをお教えいただきました。佐藤一斎先生、本日はまことにありがとうございました。

斎藤　心より感謝申し上げます。

佐藤一斎　はい、ありがとうございました。

佐藤一斎が霊界から贈る「新・言志四録」⑲

徳のある方が衆星《しゅうせい》を集めて「北極星」となすような
世界をつくらねばならん。徳高き者が中心に立って、
その周りにもさまざまな星が回っているような、
そういう世の中にせねばならん。

佐藤一斎が霊界から贈る「新・言志四録」⑳

「心を練《ね》る」ということはね、「心を磨《みが》いて、光らせ、
神仏の領域に入る」ということだよ。

佐藤一斎が霊界から贈る「新・言志四録」㉑

志《こころざし》っていうのはなあ、魂《たましい》を天上界《てんじょうかい》に引き上げるための、「卵の目玉」みたいな存在なんだよ。志がなかったら、浮上しないよ、人生は。

佐藤一斎が霊界から贈る「新・言志四録」㉒

真に学徳《がくとく》があれば人は求めるし、求めなくとも仕事はやってくる。仕事がやってこないということは、まだ磨《みが》き込《こ》みが足りてないということなんだよ。志《こころざし》を持ち、自《みずか》らを磨いている者を、世間《せけん》は決して放《ほう》ってはおかない。

10　明治維新《いしん》の起点となった佐藤一斎の霊言《れいげん》を終えて

小さいながらも「世界の中心」になっている日本

大川隆法　（手を一回叩《たた》く）当会の初期のほうの教えでは、「日本神道《しんとう》は紫色光線●《むらさき》に入るのではないか」ということを言っていました。その紫色光線の発信源の一つが孔子《こうし》と思われ、なぜか知らないけれども、「このなかに、実は日本神道の流れがあるのではないか」ということを断定的に言っていましたが、やはり、どうも一緒《いっしょ》に動いているようなところがあったようです。

つまり、江戸《えど》期、少なくとも江戸末期から明治期にかけては、孔子も天御中主《あめのみなかぬしの》神《かみ》も国之常立神《くにのとこたちのかみ》も天照大神《あまてらすおおみかみ》も、日本に降りておられたということであれば、本家《ほんけ》

●紫色光線　霊界を含めた宇宙の構造は、「最初に光があり、その光がさまざまな使命を与えられて分光し、それぞれの役割を果たすために仕事をしている」というようになっている。この光は性質によって七色に分けられており（神の七色光線）、紫色光線とは、「秩序・礼節」や「道徳や学問的考え方」を中心とする光線のことをいう（『永遠の法』〔幸福の科学出版刊〕等参照）。

の中国は、もう〝空《から》っぽ〟になっているということですね（注。以前の霊査《れいさ》により、明治天皇は天御中主神、木戸孝允《きどたかよし》は国之常立神、吉田松陰《よしだしょういん》は天照大神と同じ魂《たましい》グループであることが判明している。『地球を守る「宇宙連合」とは何か』『国之常立神・立国の精神を語る』『ヤン・フス　ジャンヌ・ダルクの霊言』〔いずれも幸福の科学出版刊〕参照）。

里村　ええ。

大川隆法　あちらは日本との戦争に敗れて、屈辱《くつじょく》的な時代も起きたのでしょうが、それには理由があるということですね。そうした古代の偉大《いだい》な学問や、その学問の力を忘れ、マルクス主義、レーニン主義なるものをありがたがったり、『毛沢《もうたく》東《とう》語録』のようなものをありがたがったりしても、毛沢東は孔子に値《あたい》するような人ではなかったということでしょう。習近平《しゅうきんぺい》氏も、おそらく同じであろうとは思います。

里村　はい。

大川隆法　そのあたりのところで、どうも本家は日本のほうに来ているということのようですね。

つまり、西洋のほうの神様がたも入ってきているし、東洋のほうの神様がたも入ってきているわけであり、今は、小さいながらも日本が「世界の中心」だということです。それを忘れないようにしなければいけません。

里村　はい。心して頑張《がんば》ります。

「西洋的革命」と「東洋的革命」の両面があった明治維新《いしん》

大川隆法　何と言うべきかは分かりませんが、孔子としての姿がその後の転生《てんしょう》として一回も出てこないのも、おかしいと言えばおかしいので、「ここにいた」ということです。

おそらくは、彼らの説明があるように、「（孔子という）大きなエネルギー体のなかの一つである」ということではあるのでしょうが、佐藤一斎は儒教《じゅきょう》的なる姿をまとって出た人であり、「別の部分はまた別の部分で仕事をしている」ということでしょうか。魂が大きく、いろいろな仕事をしているようなので、「どれかを取って全部」というようには言えないかと思います。

ただ、儒教的なものの最後として、集大成《しゅうたいせい》的に出たのではないかという感じがしますね。

ですから、「明治維新《いしん》は、西洋による革命だけではなかった」ということです。

里村　はい。なるほど。

大川隆法　（明治維新は）「西洋的な革命」の面もあったけれども、「東洋的な革命」の面があったので、フランス革命やロシア革命、中国（共産主義）革命とは〝やや違《ちが》った面があった〟ということです。

それから、アメリカ独立革命も高く評価されることが多いのですが、先ほどの霊言では、かなり厳しい言い方をされていましたね。「イギリスからの独立革命をしたけれども、そのあと、奴隷《どれい》制を敷《し》いて、けっこう悪《わる》さをしているぞ」というところでしょうか。

要は、「（日本は）文明において劣《おと》っていたわけではない」ということが言いたかったのかもしれません。

里村　はい。

大川隆法　何らかの「勇気の原理」として使えるかもしれませんね。

質問者一同　ありがとうございました。

あとがき

現代は良師《りょうし》に出会うことの難しい時代でもある。書籍《しょせき》文化が、電波文化に敗《やぶ》れつつあるといっても、毎日、書店では、何百冊もの新刊が出てくる。広告でいくらミリオンセラーと宣伝《せんでん》してあっても、中身《なかみ》はスカスカで読んでも何も頭に残らない本が多い。ケータイ小説的文体も、教養のない人の文章に感じられる。

こんな時、ささやかではあるが、「霊言集《れいげんしゅう》」を出している私が幸福感を得ることもある。幕末《ばくまつ》の大儒者《だいじゅしゃ》にして、あまたの維新《いしん》の志士《しし》たちに影響を与えた佐藤一《さとういっ》斎《さい》先生なら、現代の世相《せそう》を観《み》て何とおっしゃるだろうか。信じる人はまだまだ少ないが、このニーズに応《こた》えることができることがうれしいのだ。良師は数少ないが、歴史上、確かに存在したのだ。その出会いのチャンスを創《つく》り出せている、自分の仕事が誇らしく思える時もあるのだ。

二〇一六年　三月二十二日

幸福《こうふく》の科学《かがく》グループ創始者兼総裁《そうししゃけんそうさい》　大川隆法《おおかわりゅうほう》

『心を練る　佐藤一斎の霊言』大川隆法著作関連書籍

『朱子の霊言』（幸福の科学出版刊）
『王陽明・自己革命への道――回天の偉業を目指して――』（同右）
『日本陽明学の祖 中江藤樹の霊言』（同右）
『北朝鮮・金正恩はなぜ「水爆実験」をしたのか』（同右）
『吉田松陰「現代の教育論・人材論」を語る』（同右）
『「宇宙の法」入門』（同右）
『孔子、「怪力乱神」を語る』（同右）
『佐久間象山 弱腰日本に檄を飛ばす』（幸福実現党刊）
『横井小楠 日本と世界の「正義」を語る』（同右）

心《こころ》を練《ね》る　佐藤一斎《さとういっさい》の霊言《れいげん》

2016年4月6日　初版第1刷

著　者　　大《おお》　川《かわ》　隆《りゅう》　法《ほう》

発行所　　幸福の科学出版株式会社

〒107-0052 東京都港区赤坂2丁目10番14号
TEL(03)5573-7700
http://www.irhpress.co.jp/

印刷・製本　株式会社 堀内印刷所

ISBN978-4-86395-779-4 C0030
写真：etoki/PIXTA ／ TNM Image Archives ／ YNS/PIXTA ／ Wiiii ／
アフロ／ caesart/Shutterstock

大川隆法霊言シリーズ・江戸の教育家・思想家に訊く

吉田松陰「現代の教育論・人材論」を語る

「教育者の使命は、一人ひとりの心のロウソクに火を灯すこと」。維新の志士たちを数多く育てた偉大な教育者・吉田松陰の「魂のメッセージ」！

1,500円

日本陽明学の祖 中江藤樹の霊言

なぜ社会保障制度は行き詰まったのか!?
なぜ学校教育は荒廃してしまったのか!?
日本が抱える問題を解決する鍵は、儒教精神のなかにある！

1,400円

佐久間象山 弱腰日本に檄を飛ばす

国防、財政再建の方法、日本が大発展する思想とは。明治維新の指導者・佐久間象山が、窮地の日本を大逆転させる秘策を語る！
【幸福実現党刊】

1,400円

横井小楠 日本と世界の「正義」を語る

起死回生の国家戦略

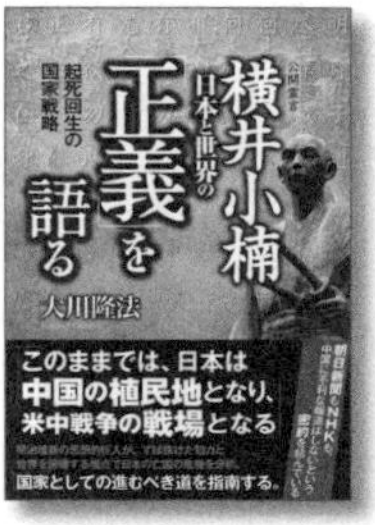

明治維新の思想的巨人は、現代日本の国難をどう見るのか。ずば抜けた知力と世界を俯瞰する視点で、国家として進むべき道を指南する。【幸福実現党刊】

1,400円

大川隆法 霊言シリーズ・明治の発展の原動力を探る

福沢諭吉霊言による「新・学問のすすめ」

現代教育界の堕落を根本から批判し、「教育」の持つ意義を訴える。さらに、未来産業発展のための新たな指導構想を明かす。

1,300円

緒方洪庵「実学の精神」を語る

「適塾」指導者による新・教育論

福沢諭吉、大村益次郎、橋本左内……。多数の人材を輩出した「適塾」の指導者が語る、人材育成の極意、そして「新しい大学教育」のビジョンとは。

1,500円

現代の自助論を求めて

サミュエル・スマイルズの霊言

自助努力の精神を失った国に発展はない！『自助論』の著者・スマイルズ自身が、成功論の本質や、「セルフ・ヘルプ」の現代的意義を語る。

1,500円

※表示価格は本体価格（税別）です。

大川隆法シリーズ・最新刊

手塚治虫の霊言

復活した〝マンガの神様〟、夢と未来を語る

「鉄腕アトム」「ブラック・ジャック」など、数々の名作を生み出したマンガの神様が語る「創作の秘訣」。自由でユーモラスな、その発想法が明らかに。

1,400円

南原宏治の「演技論」講義

天使も悪役も演じられなければ、本物になれない――。昭和を代表する名優・南原宏治氏が、「観る人の心を揺さぶる演技」の極意を伝授！

1,400 円

経営とは、実に厳しいもの。

逆境に打ち克つ経営法

豪華装丁 函入り

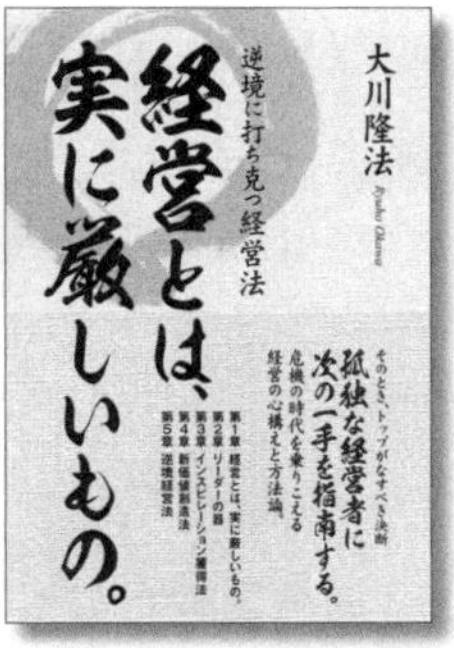

危機の時代を乗り越え、未来を勝ち取るための、次の一手を指南する。「人間力」を磨いて「組織力」を高める要諦が凝縮された、経営の必読書。

10,000円

幸福の科学出版

天使は、見捨てない。
天使に
I'm fine!
アイム・ファイン
製作総指揮/大川隆法
雲母(きらら)　芦川よしみ　金子昇　清水一希　合香美希
原作/『アイム・ファイン』大川隆法(幸福の科学出版)
監督・脚本/園田映人　音楽/大門一也　製作:ニュースター・プロダクション　制作プロダクション:ジャンゴフィルム　配給:日活　配給協力:東京テアトル
©2016ニュースター・プロダクション
5つの傷ついた心に、奇跡を起こす —
G
3.19(SAT)ROADSHOW
www.newstar-pro.com/tenshi/
NIKKATSU

幸福の科学グループのご案内

宗教、教育、政治、出版などの活動を通じて、地球的ユートピアの実現を目指しています。

幸福の科学

一九八六年に立宗。信仰の対象は、地球系霊団の最高大霊、主エル・カンターレ。世界百カ国以上の国々に信者を持ち、全人類救済という尊い使命のもと、信者は、「愛」と「悟り」と「ユートピア建設」の教えの実践、伝道に励んでいます。

（二〇一六年三月現在）

愛

幸福の科学の「愛」とは、与える愛です。これは、仏教の慈悲《じひ》や布施《ふせ》の精神と同じことです。信者は、仏法真理をお伝えすることを通して、多くの方に幸福な人生を送っていただくための活動に励んでいます。

悟り

「悟り」とは、自らが仏の子であることを知るということです。教学《きょうがく》や精神統一によって心を磨き、智慧《ちえ》を得て悩みを解決すると共に、天使・菩薩《ぼさつ》の境地を目指し、より多くの人を救える力を身につけていきます。

ユートピア建設

私たち人間は、地上に理想世界を建設するという尊い使命を持って生まれてきています。社会の悪を押しとどめ、善を推し進めるために、信者はさまざまな活動に積極的に参加しています。

海外支援・災害支援

国内外の世界で貧困や災害、心の病で苦しんでいる人々に対しては、現地メンバーや支援団体と連携して、物心両面にわたり、あらゆる手段で手を差し伸べています。

自殺を減らそうキャンペーン

年間約3万人の自殺者を減らすため、全国各地で街頭キャンペーンを展開しています。

公式サイト **www.withyou-hs.net**

ヘレンの会

ヘレン・ケラーを理想として活動する、ハンディキャップを持つ方とボランティアの会です。視聴覚障害者、肢体不自由な方々に仏法真理を学んでいただくための、さまざまなサポートをしています。

公式サイト **www.helen-hs.net**

教育

学校法人 幸福の科学学園

学校法人 幸福の科学学園は、幸福の科学の教育理念のもとにつくられた教育機関です。人間にとって最も大切な宗教教育の導入を通じて精神性を高めながら、ユートピア建設に貢献する人材輩出を目指しています。

幸福の科学学園

中学校・高等学校（那須本校）
2010年4月開校・栃木県那須郡（男女共学・全寮制）
TEL 0287-75-7777
公式サイト happy-science.ac.jp

関西中学校・高等学校（関西校）
2013年4月開校・滋賀県大津市（男女共学・寮及び通学）
TEL 077-573-7774
公式サイト kansai.happy-science.ac.jp

仏法真理塾「サクセスNo.1」 TEL 03-5750-0747（東京本校）

小・中・高校生が、信仰教育を基礎にしながら、「勉強も『心の修行』」と考えて学んでいます。

不登校児支援スクール「ネバー・マインド」 TEL 03-5750-1741

心の面からのアプローチを重視して、不登校の子供たちを支援しています。
また、障害児支援の**「ユー・アー・エンゼル!」運動**も行っています。

エンゼルプランV TEL 03-5750-0757

幼少時からの心の教育を大切にして、信仰をベースにした幼児教育を行っています。

シニア・プラン21 TEL 03-6384-0778

希望に満ちた生涯現役人生のために、年齢を問わず、多くの方が学んでいます。

いじめから子供を守ろうネットワーク

学校からのいじめ追放を目指し、さまざまな社会提言をしています。また、各地でのシンポジウムや学校への啓発ポスター掲示等に取り組む一般財団法人「いじめから子供を守ろうネットワーク」を支援しています。

公式サイト mamoro.org
相談窓口 TEL.03-5719-2170
ブログ blog.mamoro.org

政治

幸福実現党

内《ない》憂《ゆう》外《がい》患《かん》の国難に立ち向かうべく、二〇〇九年五月に幸福実現党を立党しました。創立者である大川隆法党総裁の精神的指導のもと、宗教だけでは解決できない問題に取り組み、幸福を具体化するための力になっています。

幸福実現党 釈量子サイト
shaku-ryoko.net

Tiwitter
釈量子@shakuryoko
で検索

党の機関紙
「幸福実現NEWS」

幸福実現党 党員募集中

あなたも幸福を実現する政治に参画しませんか。

○ 幸福実現党の理念と綱領、政策に賛同する18歳以上の方なら、どなたでも党員になることができます。

○ 党員の期間は、党費（年額 一般党員5千円、学生党員2千円）を入金された日から1年間となります。

党員になると

党員限定の機関紙が送付されます。
（学生党員の方にはメールにてお送りします）
申込書は、下記、幸福実現党公式サイトでダウンロードできます。

住所：〒107-0052
東京都港区赤坂2-10-8 6階
幸福実現党本部

TEL **03-6441-0754**
FAX **03-6441-0764**
公式サイト **hr-party.jp**
若者向け政治サイト **truthyouth.jp**

出版
メディア
事業

幸福の科学出版

大川隆法総裁の仏法真理の書を中心に、ビジネス、自己啓発、小説など、さまざまなジャンルの書籍・雑誌を出版しています。他にも、映画事業、文学・学術発展のための振興事業、テレビ・ラジオ番組の提供など、幸福の科学文化を広げる事業を行っています。

アー・ユー・ハッピー？
are-you-happy.com

ザ・リバティ
the-liberty.com

幸福の科学出版
TEL **03-5573-7700**
公式サイト **irhpress.co.jp**

THE FACT

ザ・ファクト
マスコミが報道しない
「事実」を世界に伝える
ネット・オピニオン番組

Youtubeにて
随時好評配信中！

ザ・ファクト　検索

NEW STAR PRODUCTION

ニュースター・プロダクション

ニュースター・プロダクション(株)は、世界を明るく照らす光となることを願い活動する芸能プロダクションです。二〇一六年三月には、ニュースター・プロダクション製作映画「天使に〝アイム・ファイン〟」を公開。

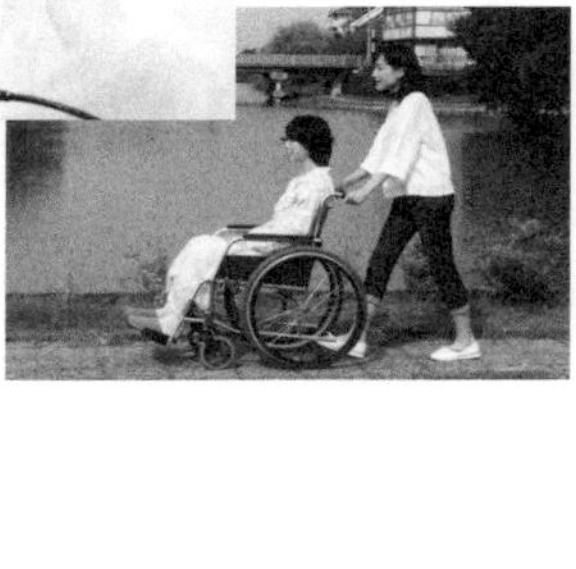

映画「天使に〝アイム・ファイン〟」のワンシーン(下)と撮影風景(左)。

公式サイト
newstar-pro.com

入会のご案内

あなたも、幸福の科学に集い、
ほんとうの幸福を
見つけてみませんか？

幸福の科学では、大川隆法総裁が説く仏法真理をもとに、
「どうすれば幸福になれるのか、また、
他の人を幸福にできるのか」を学び、実践しています。

入会

大川隆法総裁の教えを信じ、学ぼうとする方なら、どなたでも入会できます。入会された方には、『入会版「正心法語」』が授与されます。（入会の奉納は1,000円目安です）

ネットでも**入会**
できます。詳しくは、
下記URLへ。
happy-science.jp/joinus

三帰《さんき》誓願《せいがん》

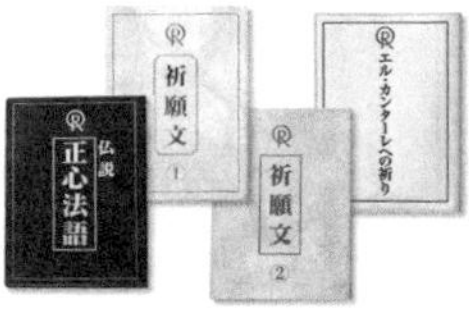

仏弟子としてさらに信仰を深めたい方は、仏・法・僧の三宝への帰依を誓う「三帰誓願式」を受けることができます。三帰誓願者には、『仏説・正心法語』『祈願文①』『祈願文②』『エル・カンターレへの祈り』が授与されます。

植福《しょくふく》の会

植福は、ユートピア建設のために、自分の富を差し出す尊い布施の行為です。布施の機会として、毎月1口1,000円からお申込みいただける、「植福の会」がございます。

ご希望の方には、幸福の科学の小冊子（毎月1回）をお送りいたします。
詳しくは、下記の電話番号までお問い合わせください。

月刊
「幸福の科学」

ザ・伝道

ヤング・ブッダ

ヘルメス・
エンゼルズ

INFORMATION
幸福の科学サービスセンター
TEL. 03-5793-1727（受付時間 火〜金：10〜20時／土・日・祝日：10〜18時）
幸福の科学 公式サイト **happy-science.jp**